KB270418

# THINK

중보기도

## 하나님과 통하는 기도

저는 지금까지 목회를 해 오면서 이렇다 할 특별한 프로그램 없이 말씀 묵상과 가정 중수의 사명을 이루기 위해 달려왔습니다. 물론 모든 예배와 모임마다 뜨거운 기도가 일어나지만, 늘 그것만으로는 부족하다는 생각을 해 왔습니다. 말씀과 기도가 함께 갈 때 성령의 능력이 힘 있게 나타나기 때문입니다.

그런 의미에서 '중보기도 사역'은 교회 사역에서 대단히 중요한 부분을 차지합니다. 실제로 중보기도팀의 기도로 수많은 지체들이 살아나고, 불가능해 보이는 기도 제목들이 곳곳에서 응답되는 역사가 일어나기 때문입니다. 여러분의 사역이 얼마나 귀하고 놀라운 것인지요! 이토록 귀한 중보기도 사역자로 헌신하기 위해 중보기도학교에 입학하신 여러분을 주님의 이름으로 환영하고, 사랑합니다.

'THINK 중보기도'는 성경에서 기도에 관한 본문 16편을 선정하여, 기도의 본질을 배우고, 실제 삶에서 다양한 주제로 기도할 수 있도록 구성하였습니다.

THINK 중보기도는 각 과마다 'THINK'의 원리로 진행됩니다.

첫 번째 단계는 '마음 열기'(Telling, 텔링)입니다.

기도란 무조건 나의 원함을 채워 달라고 하나님께 아뢰는 것이 아닙니다. 기도를 하기 전에 먼저 마음을 열고 '무엇을 어떻게 기도할 것인가' 하고 생각해 보는 것이 좋습니다. 그리고 그 생각을 함께 나눠 보도록 합니다.

두 번째 단계는 '말씀 읽기'(Holifying, 홀리파잉)입니다.

기도는 하나님과 소통하는 시간입니다. 하나님이 먼저 내게 말씀하시면, 그 말씀에 답하는 방식입니다. 무엇보다 나의 기도를 들어주시는 하나님의 말씀을 듣는 것이 중요합니다. 하나님의 뜻대로 하는 기도란 하나님의 말씀을 읽는 데서 시작되기 때문입니다.

세 번째 단계는 '해석하기'(Interpreting, 인터프리팅)입니다.

제대로 된 기도를 하려면 하나님의 생각이 무엇인지를 알아야 합니다. 그래서 하나님의 말씀을 구속사로 해석하는 것이 참으로 중요합니다. 기도를 하면서 급하게 내 말만 하는 것은 위험합니다. 하나님이 어떻게 생각하시는지 알기 위해 성경을 읽고, 그 뜻을 이해할 때 하나님이 원하시는 기도를 할 수 있습니다.

네 번째 단계는 '돌아보기'(Nursing, 널싱)입니다.

성경 본문을 구속사적으로 해석한 후에는 그 말씀을 근거로 기도한 실제 기도문을 같이 읽어 보고, 기도의 실제를 배우게 됩니다.

매 과에서 배운 대로 각자 기도문을 작성해 보는 시간입니다. 직접 기도문을 써 보면 기도생활이 더욱 풍성해지고, 하나님과 깊은 교제를 하게 됩니다. 주님의 뜻을 생각하며 기도문을 작성하다 보면 자신의 기도를 점검해 볼 수 있고, 백 퍼센트 응답받는 기도생활을 하게 될 것입니다.

이렇게 THINK 중보기도를 통해 기도생활의 문제점을 바로잡고, 더욱더 풍성한 주님과의 교제를 누리십시오. 무엇보다 기도에 대한 고정관념을 깨뜨리고, '기복'(祈福)을 넘어선 '팔복'(八福)의 기도를 배우기 바랍니다. 나만을 위해, 가족만을 위해 드렸던 기도의 울타리를 벗어나 더 넓게 펼치기 바랍니다. 지금껏 누군가의 기도 덕에 살아왔다면 중보기도학교를 통해 누군가를 위해 중보기도하는 '기도의 사람'으로 거듭나기를 간절히 바랍니다.

마지막으로, 여러분 모두가 하나님의 어전회의에 참여해 위대한 하나님의 통치에 동참하는 귀한 사역자들이 되기를 주님의 이름으로 축원합니다.

**큐티엠 대표**

# THINK 양육 개관

### THINK 기초양육 (6주)

기독교의 기본 교리를 배우는 과정으로, 세례 교육 과정을 포함합니다. 세례를 받기 위해서는 이 과정을 반드시 수료해야 하며, THINK 양육을 받기 전에 기초를 다지게 됩니다. 매주 6주 과정이 쉬지 않고 순환하여 진행되므로 언제든 양육을 시작할 수 있습니다.

### THINK 양육 (10주)

교회 등록 후 3개월이 지난 세례교인이 소그룹 리더(소속 목장의 목자)의 추천을 받아 신청합니다. 10주 과정으로 1년에 두 차례 모집합니다(모집 방법은 각 교회 방침에 따름). 양육자와 1-3명의 동반자로 구성되며, 성경 지식을 가르치고 배우는 것이 아니라 서로의 삶을 나누고 예수 그리스도를 본받는 훈련입니다. 신앙고백으로 시작해 하나님, 예수님, 성령님에 대해 묵상하고 나누며, 그리스도인의 삶에 대해 실제적으로 배우면서 자기 자신에 대해 알게 됩니다. 이를 통해 큐티와 기도생활, 예배생활이 자연스럽게 삶에 녹아들 것입니다.

### THINK 양육교사 (10주)

THINK 양육을 수료한 성도가 다시 양육자로 섬기기 위해 거쳐야 하는 심화 과정입니다. 담당 사역자로부터 동반자를 섬기며 나눔을 인도하는 방법을 훈련받습니다. 교재와 과제물은 THINK 양육과 동일하며, 수료 후에 THINK 양육교사로 섬기게 됩니다. 자기중심적 신앙에서 벗어나 영적 리더십을 배우면서 지경이 넓어지며, 자신의 상처와 죄를 깊이 드러냄으로써 영적 갈등의 치유와 회복을 경험하게 됩니다.

## THINK 예비목자양육 I·II (총 20주)

리더를 세우기 위한 과정으로, 소그룹(목장)의 부목자와 목자가 목원들을 효과적으로 섬기기 위해 양육되는 과정입니다. THINK 예비목자양육은 두 단계로 나뉘는데, 목자로 섬기게 될 사람은 20주간의 예비목자양육 I·II 과정을 모두 이수해야 합니다. 예비목자양육I 과정을 마친 성도 가운데 일부가 목자로 부름을 받고, 목자로 세워지면 예비목자양육II 과정을 수료하게 됩니다. 이로써 하나님 나라를 확장하는 사명을 감당하게 됩니다.

## THINK 중보기도 (4주/단계, 연 2회)

THINK 중보기도는 기복(祈福)을 넘어선 팔복(八福)의 기도를 배우는 시간으로, 소그룹 리더의 추천을 받고 세례를 받은 분이라면 참여 가능합니다. THINK 중보기도는 두 단계로 나뉘며, 각 단계는 4주 과정으로 연 2회(총 8주) 진행됩니다. 매주 2개씩, 전체 16개의 주제를 다루게 됩니다(진행 방법은 각 교회 방침에 따름). 나만을 위해, 가족만을 위해 드렸던 기도의 울타리를 넘어서서 넓게 펼쳐 볼 수 있습니다. THINK 중보기도를 통해 중보기도 파수꾼으로 섬길 자격을 얻게 되며, 누군가를 위해 중보기도하는 '기도의 사람'으로 거듭날 것입니다.

# 차례

# THINK

기도는 하나님을 '아버지'로 고백할 수 있는 하나님의 자녀만이 누리는 특권입니다.

우리는 날마다 아버지의 이름을 불러야 합니다.

생각만 해도 좋은 아버지를 날마다 부르는 것이 기도이고,

모두의 아버지 되시는 전능한 분을 '아버지'라고 부르는 사람들이 '우리'입니다.

# PART 1

# 기도란 무엇인가

그러므로

너희는 이렇게 기도하라

마 6:9

**01**

# 주님이 가르쳐 주신 기도

마태복음 6:9-13

# 주님이 가르쳐 주신 기도

마태복음 6:9-13

**마음 열기** Telling  마음을 열고 생각을 나누는 시간

- 주님과의 관계가 친밀한 편입니까? 내가 주님을 찾을 때는 언제입니까?

**말씀 읽기** Holifying  주님을 만나는 묵상의 시간

마태복음 6:9-13

9 그러므로 너희는 이렇게 기도하라 하늘에 계신 우리 아버지여 이름이 거룩히 여김을 받으시오며 10 나라가 임하시오며 뜻이 하늘에서 이루어진 것 같이 땅에서도 이루어지이다 11 오늘 우리에게 일용할 양식을 주시옵고 12 우리가 우리에게 죄 지은 자를 사하여 준 것 같이 우리 죄를 사하여 주시옵고 13 우리를 시험에 들게 하지 마시옵고 다만 악에서 구하시옵소서 (나라와 권세와 영광이 아버지께 영원히 있사옵나이다 아멘)

주기도문은 주님이 가르쳐 주신 기도로, 주님의 숨결과 뜻이 담겨 있습니다. 주기도문을 통해 우리가 무엇을 위해 인생을 바쳐야 하고, 어떤 가치를 위해 생명을 걸어야 하는지 발견할 수 있습니다. 주기도문의 정신과 뜻을 알지 못한 채 하는 기도는 외식적인 기도요, 중언부언하는 기도입니다. 수많은 방법론보다는 기도 자체를 배워야 합니다. 주님이 가르쳐 주신 기도를 통해 기도의 진수를 배워 봅니다.

## 1. 하나님 아버지께 기도합니다(9a절).

9a 그러므로 너희는 이렇게 기도하라 하늘에 계신 우리 아버지여

무엇보다 기도의 대상이 중요합니다. 기도는 하나님을 '아버지'로 고백할 수 있는 하나님의 자녀만이 누리는 특권입니다. "이렇게 기도하라"는 현재형으로, 우리는 날마다 아버지의 이름을 불러야 합니다. 생각만 해도 좋은 아버지를 날마다 부르는 것이 기도이고, 모두의 아버지 되시는 전능한 분을 '아버지'라고 부르는 사람들이 '우리'입니다.

**기도** 함께 소리 높여 "하늘에 계신 우리 아버지여"라고 부르며 기도합시다.

하나님을 '아버지'로 부를 수 있는 특권을 주심에 감사드립니다. 날마다 아버지의 이름을 부르게 하시고, "하늘에 계신 우리 아버지여"라고 부를 수 있는 '우리'가 되게 하옵소서.

## 2. 하나님의 이름을 위해 기도합니다(9b절).

9b 이름이 거룩히 여김을 받으시오며

이 말씀은 곧 "당신의 이름, 하나님의 이름이 거룩히 되기를"이라는 뜻입니다. 이름은 성경에서 중요한 신학적 의미가 있고, 존재의 인격을 나타냅니다. 하나님의 이름에는 하나님의 명예와 공적이 걸려 있습니다. 나를 다스리시는 영원한 하나님의 이름이 거룩히 여김을 받도록 기도해야 합니다.

**기도** 입으로만 "주여"라고 부르지 말고, 삶에서 하나님을 높이게 해 달라고 기도합시다.

하나님만이 나를 거룩하게 하실 분임을 알고, 하나님 아버지를 높이며 거룩을 이루어 가길 원합니다. 입으로만 '주여' 하고 부를 것이 아니라 삶으로 증거하며 하나님을 높이게 하옵소서.

---

---

---

## 3. 하나님의 나라를 위해 기도합니다(10a절).

10a 나라가 임하시오며

이 말씀은 "당신의 나라가 오게 하소서"라는 뜻으로, 하나님의 통치, 곧 하나님의 나라가 임하기를 기도하는 것입니다. 예수 그리스도의 십자가로 사탄이 결박되고 죄에서 자유하게 되었지만, 완전히 새 하늘과 새 땅이 오기까지 우리는 사탄의 권세에 노출되어 있습니다. 따라서 우리는 완성된 하나님의 나라가 속히 내게 임하도록 끊임없이 기도해야 합니다. 그 어떤 환경에도 순종하며 잠잠히 기다리는 것이 하나님의 나라가 임하는 비결입니다.

 내 힘으로 하려는 것들을 내려놓고, 내 삶에서 하나님의 통치가 이뤄지게 해 달라고 기도합시다.

나 자신과 가정, 직장, 학업에 하나님 나라가 임하기를 원합니다. 내 힘으로 하려는 모든 것을 내려놓고 하나님의 통치를 받게 하옵소서.

_______________________________________________

_______________________________________________

_______________________________________________


## 4. 하나님의 뜻을 위해 기도합니다(10b절)

10b 뜻이 하늘에서 이루어진 것 같이 땅에서도 이루어지이다

하나님의 뜻은 이미 정해졌지만, 우리는 하나님이 그 뜻을 이루시도록 기도해야 합니다. 하나님의 뜻은 '구원'입니다. 힘든 자녀, 힘든 배우자, 힘든 환경을 주신 이유는 그 환경을 통해 내가 구원되라는 것입니다.

 모든 일에 내 뜻이 아닌 하나님의 뜻만 나타나기를 기도하고, 나를 통해 하나님 나라가 가정과 직장과 교회에 확장되게 해 달라고 기도합시다.

나의 힘든 환경이 나를 구원으로 인도하는 구원의 통로, 축복의 통로인 줄 믿습니다. 나를 통해 하나님의 나라가 가정과 직장과 교회까지 확장되게 해 주옵소서.

## 5. 일용할 양식을 위해 기도합니다(11절).

11 오늘 우리에게 일용할 양식을 주시옵고

주님은 일용(日用)할 양식을 구하십니다. 그런데 우리는 늘 월용(月用)할 양식, 연용(年用)할 양식을 구합니다. 오늘 먹을 것이 있고 거할 곳이 있다면 내일은 주께 맡기고 가야 하는데, 늘 지금보다 더 좋은 것과 더 좋은 집을 구합니다. 하지만 가난하면 무력해지고, 부유하면 나태해지는 우리입니다. 그러니 현재에 만족해야 합니다. 내일을 위해 양식을 쌓아 놓을 것이 아니라 오늘 일용할 양식을 구해야 합니다. 이것이 하나님에 대한 신뢰이자 진정한 믿음입니다.

**기도** 매일 규칙적인 묵상을 통해 균형을 잃지 않게 해 달라고 기도합시다.

현재에 만족하지 못해 일용할 양식이 아닌 월용할 양식, 연용할 양식을 구한 것을 용서해 주옵소서. 날마다 규칙적인 말씀 묵상을 통해 균형을 잃지 않게 하옵소서.

## 6. 죄를 사해 달라고 기도합니다(12절).

12 우리가 우리에게 죄 지은 자를 사하여 준 것 같이 우리 죄를 사하여 주시옵고

양식을 구하는 기도 후에 사죄의 기도가 나옵니다. 날마다 일용할 양식을 먹는 건강한 사람은 죄 사함을 구하게 됩니다. 말씀을 볼수록 내 죄가 보이기 때문입니다. 이 기도문은 마치 조건부로 용서를 구한 것 같지만, 내가 하나님께 용서받은 대로 이제는 남을 용서해야 한다는 뜻입니다.

**기도** 입으로만 용서하고 마음에 담아 둔 것이 있다면 하나님의 사랑으로 용서하게 해 달라고 기도합시다.

죽을 수밖에 없는 나를 용서하고 용납하신 하나님의 사랑에 감사합니다. 입으로만 용서하고 아직도 마음에 담아 둔 것을 즉시 회개하게 하옵소서.

---

---

---

## 7. 시험과 악에서 구해 달라고 기도합니다(13절).

13 우리를 시험에 들게 하지 마시옵고 다만 악에서 구하시옵소서 (나라와 권세와 영광이 아버지께 영원히 있사옵나이다 아멘)

시험을 받는 것은 죄가 아닙니다. 시험에 빠지는 것이 죄입니다. 시험에 빠지는 환경부터 차단하고, 시험을 피할 수 있는 환경을 향해 적극적으로 가야 합니다. 하나

님이 말씀하시는 '악'은 일용할 양식을 받았으면서 더 많은 것을 요구하고, 자신은 용서를 받았으면서 누군가를 용서하지 않는 것입니다.



일용할 양식을 받았음에도 더 많은 것을 요구하고, 내가 용서받았음에도 용서하지 않은 악이 있음을 고백합니다. 먼저 믿은 내가, 먼저 말씀 들은 내가 용서할 수 있도록 도와주옵소서. 나와 우리 가정을 시험과 악에서 구하옵소서.

하나님 아버지, 생각하기도 싫고 말하기도 힘든 사건 가운데 오늘 아버지께 기도하라고 하십니다. 부르기만 해도 모든 것을 응답해 주실 아버지가 계심에 감사드립니다. 또한 하나님이 우리가 함께 부를 아버지 되심에 감사합니다.

이제는 내게 필요한 것만 구하지 않고 하나님의 뜻대로 기도하기 원합니다. 하나님과의 관계가 바르게 되고, 아버지의 이름이 거룩히 여김을 받으시며 아버지의 나라가 임할 수 있도록, 아버지의 뜻이 이뤄지도록 기도하게 하옵소서. 내일의 것에 집착하지 않고 오늘 주시는 말씀, 오늘 먹는 양식으로 건강한 하루를 살아가게 하옵소서. 배우자, 자녀와 함께 말씀의 양식을 나누며 건강한 가정이 되게 하옵소서.

어떤 죄도 용서하시는 하나님을 믿는다고 하면서, 우리 속에는 아직도 용서할 수 없는 사람이 있습니다. 우리 안에도 날마다 용서받을 일이 있습니다. 그런데 너도나도 용서가 안 됩니다. 이런 우리를 불쌍히 여겨 주옵소서. 무조건으로 받아 주시는 주님의 사랑으로 인해 다른 이들을 용서하게 하옵소서. 용서하지 못하고 쌓아 두었다가 더 큰 악을 행하지 않도록 우리를 지켜 주옵소서.

또한 우리의 연약함을 고백하오니 시험과 악에서 지켜 주시기를 기도드립니다. 그러나 기도만 하는 것이 아니라 이제는 시험에 빠지는 환경을 끊게 하옵소서. 날마다 말씀을 통해 악이 무엇인지를 분별하고 우리 모두가 악에서 떠나기를 원합니다. 하나님 앞에서 할 말 없는 인생임을 기억하며, 용서와 사랑으로 하나님의 나라를 나타내기 원합니다. 주님의 나라와 주님의 권세와 주님의 영광을 구하며 살아가게 하옵소서. 예수님 이름으로 기도드립니다. 아멘.

**살아내기** | Keeping  기도로 살아내기

● 주님이 가르쳐 주신 기도대로 하나님 아버지를 향한 기도문을 작성해 봅시다.

하나님의 뜻은 '구원'입니다.
우리에게 힘든 자녀, 힘든 배우자, 힘든 환경을 주신 이유도
그 환경을 통해 내가 구원되라는 것입니다.
이런 하나님의 뜻을 알고 주님이 가르쳐 주신 기도대로 기도할 때
'아버지 하나님', '우리 하나님', '하늘에 계신 하나님'의 축복이
우리 삶에 가득할 것입니다.

오직 성령이 너희에게 임하시면 너희가 권능을 받고 예루살렘과

온 유대와 사마리아와 땅 끝까지 이르러 내 증인이 되리라 하시니라

행 1:8

# 02

# 주님의 증인이 되기 위한 기도

사도행전 1:8-14

# 주님의 증인이 되기 위한 기도

사도행전 1:8-14

**마음 열기** Telling  마음을 열고 생각을 나누는 시간

• 주님의 증인이 되어서 복음을 잘 전하기 위해 기도에 힘쓰고 있습니까? 어떤 기도를 하고 있습니까?

**말씀 읽기** Holifying  주님을 만나는 묵상의 시간

사도행전 1:8-14

8 오직 성령이 너희에게 임하시면 너희가 권능을 받고 예루살렘과 온 유대와 사마리아와 땅 끝까지 이르러 내 증인이 되리라 하시니라 9 이 말씀을 마치시고 그들이 보는데 올려져 가시니 구름이 그를 가리어 보이지 않게 하더라 10 올라가실 때에 제자들이 자세히 하늘을 쳐다보고 있는데 흰 옷 입은 두 사람이 그들 곁에 서서 11 이르되 갈릴리 사람들아 어찌하여 서서 하늘을 쳐다보느냐 너희 가운데서 하늘로 올려지신 이 예수는 하늘로 가심을 본 그대로 오시리라 하였느니라 12 제자들이 감람원이라 하는 산으로부터 예루살렘에 돌아오니 이 산은 예루살렘에서 가까워 안식일에 가기 알맞은 길이라 13 들어가 그들이 유하는 다락방으로 올라가니 베드로, 요한, 야고보, 안드레와 빌립, 도마와 바돌로매, 마태와 및 알패오의 아들 야고보, 셀롯인 시몬, 야고보의 아들 유다가 다 거기 있어 14 여자들과 예수의 어머니 마리아와 예수의 아우들과 더불어 마음을 같이하여 오로지 기도에 힘쓰더라

부활하신 주님은 40일 동안 제자들에게 나타나셔서 하나님 나라의 일을 말씀하시고, 승천하신 날까지 제자 양육에 힘쓰셨습니다. 우리 역시 언젠가는 삶의 종착역에 다다릅니다. 구름에 가리어 보이지 않게 될 날이 누구에게나 찾아옵니다(9절). 그날까지 우리도 주님의 증인이 되어서 고난의 십자가를 잘 지고, 복음도 잘 전해야 하지 않겠습니까? 그러려면 무엇보다 기도에 힘써야 합니다. 구체적으로 어떤 기도에 힘써야 할까요?

## 1. 성령이 임하기를 기도해야 합니다(8-9절).

8 오직 성령이 너희에게 임하시면 너희가 권능을 받고 예루살렘과 온 유대와 사마리아와 땅 끝까지 이르러 내 증인이 되리라 하시니라 9 이 말씀을 마치시고 그들이 보는데 올려져 가시니 구름이 그를 가리어 보이지 않게 하더라

우리가 권능을 받고 주님의 증인이 되려면 왜 성령이 먼저 임하셔야 할까요? 우리가 성령을 체험하는 그 순간부터 성령께서 '우리의 연약함을 도우시고, 말할 수 없는 탄식으로 우리를 위하여 친히 간구'하시기 때문입니다(롬 8:26). 그러므로 주님의 증인이 되려면 반드시 내 인생에 성령이 임하기를 기도해야 합니다.

**기도** 성령이 임하여서 주님의 권능받기를 기도합시다.

우리는 마땅히 기도할 바를 알지 못하나 오직 성령이 말할 수 없는 탄식으로 우리를 위하여 친히 간구해 주시니 감사합니다. 주님의 증인으로 살아가는 데 부족함 없도록 성령의 권능을 더하여 주옵소서.

## 2. 사명을 위해 기도해야 합니다(10-11절).

10 올라가실 때에 제자들이 자세히 하늘을 쳐다보고 있는데 흰 옷 입은 두 사람이 그들 곁에 서서 11 이르되 갈릴리 사람들아 어찌하여 서서 하늘을 쳐다보느냐 너희 가운데서 하늘로 올려지신 이 예수는 하늘로 가심을 본 그대로 오시리라 하였느니라

예수님이 하늘로 올라가시는 광경을 눈앞에서 보았으니 제자들도 놀라고 신기했을 것입니다. 또 한편으로는 예수님은 떠나시고 자기들만 남겨지자 두려웠을 것입니다. 그래서 하나같이 주님 가신 하늘만 계속 쳐다보고 있습니다. 우리가 예수님을 깊이 경험해도 그렇습니다. 복음의 증인이 되라는 사명의 말씀(8절)은 까맣게 잊고 사건만 쳐다보면서 놀라고 야망을 좇으며 사는 경우가 허다합니다.

기도 주님의 증인 되기에 힘쓰는 인생, 사명을 이루는 인생이 되기를 기도합시다.

갈릴리 열등감에 매여 그저 하늘만 자세히 쳐다보며 슬픔과 연민과 상처, 무력감과 우울감에 사로잡혀 살아가는 우리를 불쌍히 여겨 주옵소서. 이제는 예수 그리스도를 바라보며 나에게 주신 십자가 사명의 길을 가기로 결단합니다. 예루살렘과 온 유대와 사마리아와 땅끝까지 이르러 주님의 증인이 되는 데 부족함 없도록 도와주옵소서.

### 3. 힘든 현실을 인식하고 돌아가기를 기도해야 합니다(12절).

12 제자들이 감람원이라 하는 산으로부터 예루살렘에 돌아오니 이 산은 예루살렘에서 가까워 안식일에 가기 알맞은 길이라

'감람원이라 하는 산', 곧 감람산은 예루살렘 동쪽 기드론 시내 건너편에 자리 잡은 산입니다. 이곳에 예수님이 주로 활동하신 겟세마네와 벳바게, 베다니 등이 위치해 있습니다. 사도행전의 저자인 누가는 이 감람산과 예루살렘과의 거리를 '안식일에 가기 알맞은 길'이라고 설명합니다. 이는 약 2천 규빗, 대략 $1km$ 거리로 율법에서 규정한 '안식일에 여행할 수 있는 거리'를 뜻합니다. 여기에는 '어떤 상황이든지 안식일은 반드시 지켜야 한다'라는 의미가 담겨 있습니다. 승천의 영광을 체험했다면, 나의 힘든 현실을 인식하고 나의 예루살렘으로 돌아가기를 기도해야 합니다. 그것이 안식일을 지키며 거룩하게 사는 비결입니다.

**기도** 나의 힘든 현실인 예루살렘으로 돌아가게 해 달라고 기도합시다.

주님께서 보여 주신 승천의 영광을 기억하며 나의 예루살렘으로 돌아가기 원합니다. 힘들고 어려워도 나의 현실을 바르게 인식하고 장차 올 영광을 바라보며 나의 예루살렘에 잘 매여 있게 도와주옵소서.

## 4. 더불어 마음을 같이하여 오로지 기도에 힘써야 합니다(13-14절).

13 들어가 그들이 유하는 다락방으로 올라가니 베드로, 요한, 야고보, 안드레와 빌립, 도마와 바돌로매, 마태와 및 알패오의 아들 야고보, 셀롯인 시몬, 야고보의 아들 유다가 다 거기 있어 14 여자들과 예수의 어머니 마리아와 예수의 아우들과 더불어 마음을 같이하여 오로지 기도에 힘쓰더라

주님의 사명을 감당하려면 제자들, 여자들, 예수님의 모친과 형제들처럼 모두가 더불어 마음을 같이하여 기도하는 것이 중요합니다. 서로가 한마음을 품으면 공동체의 정체성과 방향을 분명히 제시할 수 있게 되기 때문입니다. 또한 영적으로 더 '파워풀'한 힘을 얻을 수 있습니다.

**기도** 지체들과 더불어 마음을 같이하여 오로지 기도에 힘쓸 수 있기를 기도합시다.

그동안 육적인 필요만을 구하며 기도한 것을 회개합니다. 이제는 날마다 주님이 주시는 약속의 말씀을 붙들고 기도하겠습니다. 지체들과 더불어 마음을 같이하여 오로지 기도에 힘쓰며 주님이 주신 사명을 잘 감당하는 우리가 되게 하옵소서.

하나님 아버지, 주님의 증인이 되어서 복음을 잘 전하라고 사명을 주시니 감사합니다. 그런데 주님의 증인이 되려면 먼저 성령이 임하기를 기도해야 한다고 합니다. 그리고 사명을 위해 기도하되, 더불어 마음을 같이하여 오로지 기도에 힘쓰라고 합니다. 그런데 주님, 우리의 믿음이 참 연약합니다. 믿음은 바라는 것들의 실상이요 보이지 않는 것들의 증거인데 날마다 사건만 쳐다보면서 놀라고, 헛된 것에 매달립니다. 성령이 임하지 않아 여전히 구름이 가리어 주님을 보지 못합니다. 이런 우리를 불쌍히 여겨 주옵소서.

이제는 더 이상 세상에 나 자신에 얽매이지 않기를 원합니다. 사명을 위해 나아가기를 원합니다. 하늘만 바라보지 않고 하늘 보좌에서 온 세계를 다스리실 예수 그리스도를 바라보는 영안도 허락해 주옵소서. 그래서 약속의 말씀을 붙들고 주님 다시 오실 날을 기다리며 증인 되기에 힘쓰는, 오로지 기도에 힘쓰는 우리가 되게 하옵소서.

우리에게 참 많은 영혼을 맡기셨는데 그럼에도 여전히 예수님께 마음을 열지 못하는 형제와 친척들이 있습니다. 주여, 주님을 알지 못하는 지체들의 구원을 위해서 모두가 더불어, 마음을 같이하여 기도하는 우리가 되게 하옵소서. 오직 성령이여, 우리에게 임하여 주옵소서. 그래서 예루살렘과 온 유대와 사마리아와 땅끝까지 이르러 주님의 증인이 되는 데 부족함이 없도록 성령의 권능을 더하여 주옵소서. 예수님 이름으로 기도드립니다. 아멘.

## 살아내기 Keeping  기도로 살아내기

● 주님의 증인이 되어서 복음을 잘 전하기 위해 기도문을 작성해 봅시다.

승천의 영광을 체험했다면, 나의 힘든 현실을 인식하고
나의 예루살렘으로 돌아가기를 기도해야 합니다.
그것이 안식일을 지키며 거룩하게 하는 비결입니다.

이로써 우리도 듣던 날부터

너희를 위하여 기도하기를 그치지 아니하고 구하노니

너희로 하여금 모든 신령한 지혜와 총명에

하나님의 뜻을 아는 것으로 채우게 하시고

골 1:9

# 03

# 다른 사람을 위한 기도

골로새서 1:9-12

# 03 다른 사람을 위한 기도

골로새서 1:9-12

**마음 열기** Telling   마음을 열고 생각을 나누는 시간

● 다른 사람을 위해 한 일 가운데 가장 기억에 남는 일은 무엇입니까?

**말씀 읽기** Holifying   주님을 만나는 묵상의 시간

골로새서 1:9-12

9 이로써 우리도 듣던 날부터 너희를 위하여 기도하기를 그치지 아니하고 구하노니 너희로 하여금 모든 신령한 지혜와 총명에 하나님의 뜻을 아는 것으로 채우게 하시고 10 주께 합당하게 행하여 범사에 기쁘시게 하고 모든 선한 일에 열매를 맺게 하시며 하나님을 아는 것에 자라게 하시고 11 그의 영광의 힘을 따라 모든 능력으로 능하게 하시며 기쁨으로 모든 견딤과 오래 참음에 이르게 하시고 12 우리로 하여금 빛 가운데서 성도의 기업의 부분을 얻기에 합당하게 하신 아버지께 감사하게 하시기를 원하노라

바울은 골로새 교회 성도들이 복음을 듣고 하나님의 은혜를 깨달은 날부터 믿음과 사랑이 굳건해지고, 온 천하에서도 그 복음의 열매가 맺어 자란다는 소식을 듣습니다(골 1:6). 그럼에도 골로새 교회 성도들을 위한 바울의 기도는 그치지 않습니다. 이처럼 끊임없는 바울의 기도는 다른 사람을 위한 중보기도의 모범으로 여겨집니다. 바울의 기도를 통해 다른 사람을 위해 어떻게 기도해야 하는지 배워 봅니다.

## 1. 기도가 응답되어도 기도를 그치지 않습니다(9a절).

9a 이로써 우리도 듣던 날부터 너희를 위하여 기도하기를 그치지 아니하고 구하노니

로마 감옥에 갇힌 바울은 골로새 교회 성도들이 복음을 듣고 하나님의 은혜를 깨달은 날부터 믿음과 사랑이 굳건해지고, 온 천하에서도 그 복음의 열매가 맺어 자란다는 소식을 듣습니다(골 1:6). 그럼에도 바울은 골로새 교회 성도들을 위한 기도를 그치지 않습니다. 그 소식을 듣던 날부터 '너희'를 위해 기도를 계속합니다. 인생은 죄인이기에 곤고할 때뿐만 아니라 형통할 때도 기도해야 합니다. 나아가 '너희'를 위한 중보기도를 하려면 사람에 대한 차별 없는 관심과 애정이 있어야 합니다.

**기도** 사람에 대한 관심과 애정을 갖게 해 달라고 기도합시다. 지체를 위한 기도가 그치지 않도록 기도합시다.

늘 나만을 위해 기도했음을 회개합니다. 이제는 지체들이 소식과 형편에 더욱 관심을 가지고 너희를 위한 기도를 그치지 않게 하옵소서.

## 2. 하나님의 뜻을 바로 알기를 기도합니다(9b절).

9b 너희로 하여금 모든 신령한 지혜와 총명에 하나님의 뜻을 아는 것으로 채우게 하시고

바울은 골로새 교회 성도들이 가장 먼저 하나님의 뜻을 알게 해 달라고 기도합니다. '하나님의 뜻을 안다'는 것은 삶을 통해 예수님이 이 땅에 오신 이유를 아는 것입니다. 곧 삶을 통해 하나님의 사랑을 알게 되는 것입니다. '신령한 지혜와 총명'도 그렇습니다. 이단에서 말하는 신비스러운 체험이나 예언을 의미하는 게 아닙니다. 구체적인 삶에서 하나님의 뜻을 아는 것입니다. 다른 사람을 위한 기도를 하려면 우리가 먼저 하나님의 뜻을 잘 알아야 합니다.

**기도** 하나님의 사랑과 뜻을 알게 해 달라고 기도합시다.

하나님의 뜻을 몰랐기에 지혜와 총명이 없었습니다. 그래서 이기고 이기려는 세상 가치관으로 지옥을 살면서 하나님을 탓하고 환경을 탓하며 살았음을 회개합니다. 이제는 사건과 환경에서 주님의 뜻을 알아 가게 하옵소서. 모든 신령한 지혜와 총명에 하나님의 뜻을 아는 것으로 채워서 다른 사람의 구원을 위해 기도하는 데 부족함이 없게 하옵소서.

---

## 3. 그리고 네 가지 중보기도를 합니다(10-12절).

1) 주께 합당하게 행하여 범사에 하나님을 기쁘시게 하는 성도들이 되기를 기도합니다.

10a 주께 합당하게 행하여 범사에 기쁘시게 하고

우리가 하나님을 알아도 그 지식이 머릿속에만 머물러서는 안 됩니다. 반드시 하나님의 뜻에 합당하게 행하는 삶이 수반되어야 합니다. '행함'은 성경에서 그리스도인의 삶의 성격을 묘사하는 특별한 단어입니다. 그러므로 바울도 골로새 교인들이 주께 합당하게 행하여 범사에 하나님을 기쁘시게 하는 성도들이 되기를 중보기도합니다.



말로만 하나님을 안다고 하면서 행함이 없는 인생을 살았습니다. 그래서 하나님을 슬프게 했음을 회개합니다. 이제는 각자의 자리에서 주께 합당하게 행하여 범사에 하나님을 기쁘시게 하는 인생이 되도록 인도해 주옵소서.

___________________________________________________

___________________________________________________

___________________________________________________

## 2) 모든 선한 일에 열매를 맺게 해 주시기를 기도합니다.

10b 모든 선한 일에 열매를 맺게 하시며 하나님을 아는 것에 자라게 하시고

'선한 일'은 주님의 일을 말합니다. 자기 일에만 열심인 사람은 선한 일, 주님의 일에 열매를 맺을 수 없습니다. 내가 예수를 믿었는데도 전도의 열매가 없고, 성품의 열매가 없고, 내적 열매도 외적 열매도 없다면 내 믿음을 다시 점검해 봐야 합니다.

내 일에 열매 맺기만을 바라기보다 주의 일, 선한 일에 열매 맺기를 원합니다. 썩어지고 죽어짐으로 성령의 열매, 전도의 열매가 풍성히 열리게 하옵소서.

---

3) 주의 영광의 능력에 힘입어 기쁨으로 모든 견딤과 오래 참음에 이르게 해 주시기를 기도합니다.

11 그의 모든 능력으로 능하게 하시며 기쁨으로 모든 견딤과 오래 참음에 이르게 하시고

바울은 하나님이 우리에게 주신 모든 능력으로 "능히 하지 못할 일이 없느니라"로 나아가지 않습니다. '기쁨으로 모든 견딤과 오래 참음에 이르게 하시기를' 구합니다. 그러므로 우리의 중보기도도 "저 사람이 돈 잘 벌게 해 주시고, 건강 지켜 주시고……"라고 기도하기보다는 "모든 고난도 잘 견디고, 오래 참게 해 주소서"라고 간구해야 합니다. 우리의 기도 대상인 '너희'가 '모든 견딤과 오래 참음에 이르는 것'이 최종 목적이 되어야 합니다.

**기도** 어떤 고난에도 하나님이 주시는 영광의 힘을 따라 기쁨으로 견디고 오래 참게 해 달라고 기도합시다.

모든 고난 가운데 문제가 해결되기만을 바랄 것이 아니라 하나님이 주시는 영광의 힘을 따라 사건과 환경을 해석하고, 기쁨으로 오래 참고 견딜 수 있도록 도와주옵소서.

4) 성도의 기업 얻게 하심에 감사하게 해 주시기를 기도합니다.

12 우리로 하여금 빛 가운데서 성도의 기업의 부분을 얻기에 합당하게 하신 아버지께 감사하게 하시기를 원하노라

하나님이 성도 각자에게 맡기신 기업은 어떤 형태이든 각자에게 합당한 것입니다. 내 자녀가 공부를 잘하든 못하든, 내 배우자가 돈을 잘 벌든 못 벌든 내가 감당할 만하니 합당하게 맡기신 것입니다. 그러므로 어떤 환경에서도 주님을 찬양하고 감사해야 합니다.

**기도** 나를 성도 삼아 주시고 내게 기업 주심에 감사하며, 성도의 기업을 맡기에 합당한 자가 되기를 기도합시다.

우리로 하여금 빛 가운데서 주의 성도로 삼아 주시고, 기업까지 맡기신 것이 얼마나 감사한 일인지 몰랐습니다. 그래서 말씀 보는 것을 등한시했고, 늘 환경 탓, 남 탓만 하며 지옥을 살았습니다. 이제는 그 어떤 사건과 환경도 실로 아름다운 것임을 깨닫고, 성도의 기업을 맡기에 합당한 자가 될 수 있도록 도와주옵소서.

하나님 아버지, 다른 사람을 위해 기도하는 바울의 중보기도를 깊이 새기게 하시니 감사합니다. 그런데 이런 하나님의 뜻을 몰랐기에 늘 내 유익만을 위해 기도했습니다. 우리를 빛 가운데서 주의 성도로 삼아 주시고, 기업까지 맡기신 것이 얼마나 감사한 일인지도 몰랐습니다. 이기고 이기려는 세상 가치관으로 지옥을 살면서 하나님을 탓하고 환경을 탓했습니다. 말로만 하나님을 안다고 하면서 행함이 없는 인생을 살았습니다. 그래서 하나님을 슬프게 했음을 회개합니다.

이제는 지체들의 소식과 형편에 더욱 관심을 가지고 '너희를 위한 기도'를 그치지 않는 우리가 되기를 원합니다. 이로써 우리도 이 말씀을 들은 날부터 너희를 위하여 기도하기를 그치지 아니하고 구하겠습니다. 모든 신령한 지혜와 총명에 하나님의 뜻을 아는 것으로 채워서 다른 사람의 구원을 위해 기도하는 데 부족함이 없게 하옵소서. 그 어떤 사건과 환경도 실로 아름다운 것임을 깨닫고, 성도의 기업을 맡기에 합당한 자가 될 수 있도록 도와주옵소서. 내 일에 열매 맺기보다 주의 일, 선한 일에 열매 맺기를 원합니다. 썩어지고 죽어짐으로 성령의 열매, 전도의 열매가 풍성히 열리게 하옵소서. 모든 고난 가운데 문제가 해결되기만을 바라기보다 하나님이 주시는 영광의 힘을 따라 사건과 환경을 해석하고, 기쁨으로 오래 참고 견딜 수 있도록 도와주옵소서. 우리로 하여금 빛 가운데서 성도의 기업의 부분을 얻기에 합당하게 하신 아버지께 감사하며 범사에 하나님을 기쁘시게 하는 인생이 되도록 인도해 주옵소서. 예수님 이름으로 기도드립니다. 아멘.

- 교회 지체나 다른 사람을 위한 기도문을 작성해 봅시다.

이에 베드로는 옥에 갇혔고

교회는 그를 위하여 간절히 하나님께 기도하더라

행 12:5

**04**

# 옥문이 열리는 기도

사도행전 12:4-10

<table><tr><td>**04**</td><td># 옥문이 열리는 기도</td></tr></table>

사도행전 12:4-10

**T** **마음 열기** Telling  마음을 열고 생각을 나누는 시간

• 나는 지금 어떤 옥에 갇혀 있습니까? 이 옥에서 어떻게 벗어나려 합니까?

**H** **말씀 읽기** Holifying  주님을 만나는 묵상의 시간

사도행전 12:4-10

4 잡으매 옥에 가두어 군인 넷씩인 네 패에게 맡겨 지키고 유월절 후에 백성 앞에 끌어 내고자 하더라 5 이에 베드로는 옥에 갇혔고 교회는 그를 위하여 간절히 하나님께 기도하더라 6 헤롯이 잡아 내려고 하는 그 전날 밤에 베드로가 두 군인 틈에서 두 쇠사슬에 매여 누워 자는데 파수꾼들이 문 밖에서 옥을 지키더니 7 홀연히 주의 사자가 나타나매 옥중에 광채가 빛나며 또 베드로의 옆구리를 쳐 깨워 이르되 급히 일어나라 하니 쇠사슬이 그 손에서 벗어지더라 8 천사가 이르되 띠를 띠고 신을 신으라 하거늘 베드로가 그대로 하니 천사가 또 이르되 겉옷을 입고 따라오라 한대 9 베드로가 나와서 따라갈새 천사가 하는 것이 생시인 줄 알지 못하고 환상을 보는가 하니라 10 이에 첫째와 둘째 파수를 지나 시내로 통한 쇠문에 이르니 문이 저절로 열리는지라 나와서 한 거리를 지나매 천사가 곧 떠나더라

베드로의 투옥은 야고보 사도의 순교 직후에 있었던 일입니다(행 12:1-2). 교회를 말살시키려는 헤롯의 음모가 분명하게 드러난 시점이었습니다. 이때 교회가 유일하게 대처할 수 있었던 방법은 하나님께 간절히 기도하는 것이었습니다. 우리 인생에도 시기마다 각자의 감옥에 갇힐 때가 있습니다. 그 옥문은 내 힘으로 열 수 없습니다. 교회에 중보기도를 요청하고, 간절히 기도해야 합니다. 그리하면 어떤 역사가 일어나는지 살펴봅니다.

## 1. 온 교회가 기도합니다(4-5절).

4 잡으매 옥에 가두어 군인 넷씩인 네 패에게 맡겨 지키고 유월절 후에 백성 앞에 끌어 내고자 하더라 5 이에 베드로는 옥에 갇혔고 교회는 그를 위하여 간절히 하나님께 기도하더라

베드로를 옥에 가둔 헤롯의 박해는 교회를 초토화하려는 사탄의 간계였습니다. 하지만 교회는 헤롯의 폭력에 대항하지 않았습니다. 오로지 하나님께 간절히 기도했습니다. 특히 감옥에 혼자 갇힌 사람은 기도하기도 힘이 듭니다. 주님은 "두 세 사람이 내 이름으로 모인 곳에는 나도 그들 중에 있느니라"(마 18:20)고 하셨습니다. 말씀에 순종하며 합심하여 기도하고 있을 때, 굳게 닫힌 옥문도 저절로 열리게 됩니다.

### 기도 옥에 갇힌 지체를 위해 기도합시다.

사랑하는 내 가족, 내 형제가 질병의 옥, 가난의 옥, 실패의 옥에 갇혔습니다. 절망과 두려움 가운데 기도조차 하지 못합니다. 교회가 합심하여 기도하오니 그 옥문을 열어 주옵소서.

## 2. 손을 쓸 수 없는 그 밤에도 평안을 주십니다(6절).

6 헤롯이 잡아 내려고 하는 그 전날 밤에 베드로가 두 군인 틈에서 두 쇠사슬에 매여 누워 자는데 파수꾼들이 문 밖에서 옥을 지키더니

베드로는 양쪽에 있는 두 군인에게 자신의 두 팔이 쇠사슬로 각각 묶여 있었기 때문에 전혀 손을 쓸 수 없습니다. 뒤척일 수도 없습니다. 그야말로 손을 쓸 수 없는 밤입니다. 하지만 베드로는 죽은 듯이 깊은 잠에 빠져 있었습니다. 교회가 합심하여 기도했기에 그 불편하고 좁은 옥에서도 베드로가 편안하게 잠을 잘 수 있었던 것입니다. 최고의 기도 응답은 평강입니다.

**기도** 손 쓸 수 없는 밤에도 평안을 누리게 해 달라고 기도합시다.

옥에 갇히는 사건이 심판의 사건이 아니라 구원의 사건임을 알게 해 주시니 감사합니다. 세상은 알 수 없는 복음의 비밀을 깨달아 손 쓸 수 없는 밤에도 평안을 누리게 하옵소서.

---

---

---

## 3. 옥중 광채인 말씀으로 주님이 찾아와 주십니다(7-8절).

7 홀연히 주의 사자가 나타나매 옥중에 광채가 빛나며 또 베드로의 옆구리를 쳐 깨워 이르되 급히 일어나라 하니 쇠사슬이 그 손에서 벗어지더라 8 천사가 이르되 띠를 띠고 신을 신으라 하거늘 베드로가 그대로 하니 천사가 또 이르되 겉옷을 입고 따라오라 한대

베드로는 홀연히 주의 사자가 나타나서 그의 옆구리를 쳐서 깨울 때까지 편안히 잠을 잡니다. 그리고 그 밤에 빛으로 오신 주님이 옥문을 열어 주시고 초자연적으로 도와주십니다.



빛이요, 생명이요, 말씀이신 주님이 제 삶에도 광채로 빛나기를 원합니다. 진리의 말씀으로 허리띠를 띠고 평안의 복음이 준비한 것으로 신을 신겠사오니 삶의 모든 쇠사슬도 벗겨 주옵소서.

## 4. 저절로 옥문이 열립니다(9-10절).

9 베드로가 나와서 따라갈새 천사가 하는 것이 생시인 줄 알지 못하고 환상을 보는가 하니라 10 이에 첫째와 둘째 파수를 지나 시내로 통한 쇠문에 이르니 문이 저절로 열리는지라 나와서 한 거리를 지나매 천사가 곧 떠나더라

철통같은 감시에도 쇠문이 저절로 열립니다. 우리가 그 어떤 옥에 갇혀 있든지 온 교회가 기도하면 주님이 찾아오셔서 옥문을 열어 주십니다. 빛이신 주님의 말씀을 잘 듣고 순종하고 있으면 옥을 지키는 자가 둘씩이나 있어도, 쇠사슬에 꼼짝없이 매여 있어도, 깊이 잠만 자고 있어도 저절로 질병의 옥, 가난의 옥, 실패의 옥이 열릴 줄 믿습니다.

주님, 이제는 문제가 해결되기만을 바라지 않겠습니다. 빛이신 주님의 말씀을 잘 듣고 순종하고 있으면 저절로 질병의 옥, 가난의 옥, 실패의 옥이 열릴 줄 믿습니다. 말씀이 들리는 은혜를 더하여 주셔서 모든 인생의 문제가 해석되고 해결되게 하옵소서.

**돌아보기** Nursing 말씀으로 돌아보고 기도하기

하나님 아버지, 우리가 베드로처럼 이런저런 옥에 갇혀 있습니다. 질병의 옥, 가난의 옥, 실패의 옥에 갇힌 채 절망과 두려움 가운데 기도조차 하지 못하고 있습니다. 불쌍히 여겨 주옵소서.

베드로가 옥에 갇혔을 때 교회가 그를 위하여 간절히 하나님께 기도하니 빛이신 주님이 홀연히 나타나서 쇠사슬을 풀어 주시고, 저절로 옥문이 열렸다고 합니다. 우리에게도 이런 역사가 임하기를 기도합니다. 베드로가 옥에 갇힌 것이 심판의 사건이 아니라 구원의 사건임을 알게 되었습니다. 영적 진실성의 결과는 인내이기에 하나님이 마지막 날 밤까지 우리를 기다리게 하심도 알게 되었습니다. 세상은 알 수 없는 이런 하나님의 경륜을 알게 해 주시니 얼마나 감사한지요.

그러므로 이제는 더 이상 옥문이 열리고 문제가 해결되기만을 바라지 않겠습니다. 먼저 빛이요, 생명이요, 말씀이신 주님이 홀연히 광채로 나타나 주시기를 기도하겠습니다. 진리의 말씀으로 허리띠를 띠고 평안의 복음이 준비한 것으로 신을 신고 말씀이 들리는 은혜가 임하기를 기도하겠습니다. 이렇게 빛이신 주님의 말씀을 잘 듣고 순종하고 있으면 저절로 질병의 옥, 가난의 옥, 실패의 옥이 열릴 줄 믿습니다. 내일이면 모든 게 끝나는 그 밤, 손 쓸 수 없는 그 밤에도 두려워 떨지 않고 평안을 누리는 믿음도 더하여 주옵소서. 말씀으로 인생의 모든 문제가 해석되게 하옵소서. 그래서 해결되게 해 주옵소서. 교회가 합심하여 성령의 기도를 드리오니 우리 인생의 모든 옥문을 열어 주옵소서. 예수님 이름으로 기도드립니다. 아멘.

**K**　**살아내기** Keeping　기도로 살아내기

- 옥에 갇힌 지체의 구원을 위해 기도문을 작성해 봅시다.

향연이 성도의 기도와 함께 천사의 손으로부터

하나님 앞으로 올라가는지라

계 8:4

**05**

# 하나님 앞으로 올라가는 기도

요한계시록 8:1-5

# 하나님 앞으로 올라가는 기도

요한계시록 8:1-5

**T 마음 열기** Telling  마음을 열고 생각을 나누는 시간

• 기도해도 하나님이 침묵하시는 것 같아 두려웠던 적이 있습니까?

**H 말씀 읽기** Holifying  주님을 만나는 묵상의 시간

요한계시록 8:1-5

1 일곱째 인을 떼실 때에 하늘이 반 시간쯤 고요하더니 2 내가 보매 하나님 앞에 일곱 천사가 서 있어 일곱 나팔을 받았더라 3 또 다른 천사가 와서 제단 곁에 서서 금 향로를 가지고 많은 향을 받았으니 이는 모든 성도의 기도와 합하여 보좌 앞 금 제단에 드리고자 함이라 4 향연이 성도의 기도와 함께 천사의 손으로부터 하나님 앞으로 올라가는지라 5 천사가 향로를 가지고 제단의 불을 담아다가 땅에 쏟으매 우레와 음성과 번개와 지진이 나더라

하나님은 심판의 말씀을 계속 주시는데 주의 백성에게는 그 말씀이 들리지 않습니다. 듣기도 싫어하고, 들으려고 하지도 않습니다. 그래서 이번에는 하나님이 잠깐 침묵하십니다. 도대체 우리가 무엇을 원하는지, 우리의 기도가 너무 듣고 싶으셔서 고요해지셨습니다. 생각해 보세요. 부모가 자녀에게 잔소리하다가 갑자기 침묵하면, 그 침묵의 시간이 얼마나 냉랭하고 무섭게 느껴지는지 모릅니다. 그러나 이 짧은 침묵이야말로 마지막 사랑의 표현입니다. 그러므로 우리는 하나님이 침묵하실 때도 포기하지 말고 기도해야 합니다. 내 소원만을 간구하기보다 하나님이 듣기 원하시는 기도, 하나님 앞으로 올라가는 기도를 해야 합니다. 그렇다면 어떤 기도가 하나님 앞으로 올라가는 기도인지 살펴봅니다.

## 1. 하나님의 침묵을 겪은 기도입니다(1-2절).

1 일곱째 인을 떼실 때에 하늘이 반 시간쯤 고요하더니 2 내가 보매 하나님 앞에 일곱 천사가 서 있어 일곱 나팔을 받았더라

일곱째 인은 곧 일곱 나팔 재앙입니다. 일곱째 인을 떼자 반 시간쯤 하늘이 고요해집니다. 2절에 일곱 나팔을 받은 천사들이 하나님의 보좌 옆에 서 있다는 것은 이 재앙이 곧 하나님께서 허락하신 재앙이라는 뜻입니다. 그리고 반 시간은 굉장히 짧은 시간을 의미합니다. 하나님이 '잠시' 침묵하셨음을 의미합니다.

**기도** 나의 사건에 침묵하시는 하나님의 마음을 깨닫게 해 달라고 조용히 기도합시다.

내게 임한 재앙의 사건이 하나님으로부터 온 것임을 믿고, 하나님의 사랑 표현으로 받아들이기를 원합니다. 하나님이 침묵하셔도 원망하거나 포기하지 않고 더욱 간절히 기도하게 하옵소서.

## 2. 하나님의 금향로에 담기는 기도입니다(3-4절).

3 또 다른 천사가 와서 제단 곁에 서서 금 향로를 가지고 많은 향을 받았으니 이는 모든 성도의 기도와 합하여 보좌 앞 금 제단에 드리고자 함이라 4 향연이 성도의 기도와 함께 천사의 손으로부터 하나님 앞으로 올라가는지라

천사가 제단 곁에 서서 금향로를 가지고 많은 향을 받았다고 합니다. 성경에서 향은 성도의 기도를 상징합니다. 천사가 향을 금향로에 받았다는 것은 그 기도가 하나님이 기뻐하시는 기도, 곧 응답받은 기도라는 의미입니다. 그러면 어떤 기도가 하나님의 금향로에 담기는지 네 가지로 살펴봅니다.

### 1) 공평과 정의의 기도입니다.

금향로에 담기는 기도는 하나님이 모든 사람을 공정히 다스리시는 것을 믿고 드리는 기도입니다. 즉, 공평과 정의의 기도입니다. 하나님은 공평과 정의로 이 세상을 다스리십니다. 공평과 정의는 항상 하나님 편에서 균형 있게 생각하는 것입니다. 그러므로 금향로에 담기는 기도를 하려면 먼저 내가 치우쳐 있고 공평하지 못하다는 것을 인정하고 말씀으로 균형을 잡아야 합니다.

**기도** 내 안에 공평하지 못한 것과 정의롭지 못한 가증을 보게 해 달라고 기도합시다.

내가 치우쳐 있다는 것을 인정하고, 내 안에 공평하지 못한 부분을 깨닫기 원합니다. 극심한 고난 속에서도 이것이 하나님의 공평과 정의임을 인정하게 하옵소서.

________________________________________

________________________________________

________________________________________

### 2) 저절로 나오는 간절한 기도입니다.

우리는 아주 절박한 상황에 처하면 길고 감동적인 기도가 나오지 않습니다. 화급한 마음에 말씀도 생각이 잘 안 나고, 어떻게 아뢰어야 할지, 무엇을 회개해야 할지 선뜻 떠오르지 않습니다. "오, 주여" 단 두 마디만 부르짖습니다. 그러나 이야말로 저절로 나오는 간절한 기도입니다. 장황하게 아뢴다고 내 간절함이 더 잘 전해지는 것은 아닙니다.

**기도** 간절히 "오, 주여"를 부르며 기도합시다.

괴로운 시간이 잠시라는 걸 믿으며, 짧으나마 가장 간절한 기도를 하게 하옵소서.

________________________________________

________________________________________

________________________________________

### 3) 성실하게 준비한 기도입니다.

힘든 일이 없어도 평소에 기도를 연습해야 합니다. 시간을 정하거나 식사 전에, 일어나서, 자기 전에 감사하며 기도하고, 공예배 기도도 최선을 다해 준비하면 성령의 임재로 은혜가 임합니다. 그러면 하나님과의 관계도 친밀해질 수 있습니다.

**기도** 내가 아뢸 것을 미리 정리하여 준비함으로 중언부언 기도하지 않기를 기도합시다.

기도에 앞서 미리 하나님의 마음을 헤아리고, 내가 아뢸 것을 미리 정리하여 준비함으로 중언부언하지 않는 기도를 하게 하옵소서.

---

---

---

## 4) 전도가 목적인 기도입니다.

바울은 '감옥'이라는 자신의 매인 환경에서도 복음 전할 기회를 얻으려 노력했습니다. 감옥에서 풀려나기보다 온 천하에 복음이 열매 맺어 가는 것을 더욱 소원했습니다. 초대 교인들도 그랬습니다. 로마의 핍박 속에서도 인내하며 기도한 결과, 로마에 복음이 전해졌습니다. 이렇듯 기도의 결론은 전도입니다. 금향로에 담으시는 기도의 결론입니다.

**기도** 매임당한 환경에서 드리는 나의 간절한 기도가 전도로 이어질 수 있게 해 달라고 기도합시다.

나의 매인 환경을 통해 전도할 문을 열어 주시고, 나의 간절한 기도로 말미암아 복음이 온 천하에서 열매를 맺어 자라 가게 하옵소서.

---

---

---

## 3. 심판을 불러오는 기도입니다(5절).

5 천사가 향로를 가지고 제단의 불을 담아다가 땅에 쏟으매 우레와 음성과 번개와 지진이
나더라

내 기도가 하나님의 금향로에 담겨 쌓여 있으면 저절로 심판을 불러오게 됩니다. 천상의 어전회의에서 심판을 결정하는 것이 아니라, 성도들의 기도가 결정적인 역할을 한다는 의미입니다. 성도들이야말로 하나님의 동역자입니다.

예수 잘 믿는 한 사람만 있으면, 그의 믿음의 기도와 예수님의 중보기도가 합력하여 심판도 구원이 됩니다. 믿음의 기도로 심판이 오고, 심판을 통해서 육은 죽지만 영이 살아나 구원을 얻게 되는 것입니다. 그러니 내 믿음의 기도가 얼마나 중요합니까. 초대교회 성도들의 끈질긴 기도가 로마를 돌아오게 했습니다. 내 믿음의 기도가 로마 같은 사람을 돌이킵니다.

**기도** 하나님 앞으로 올라가는 기도를 하는 우리가 되기를 기도합시다.

나를 괴롭히는 세력을 물리쳐 달라는 기도만 한 것을 용서해 주옵소서. 오히려 나의 가증함과 부패함을 보고 통곡하며 회개하게 하옵소서. 내 믿음의 기도와 예수님의 중보기도가 합력하여 모든 심판의 사건도 구원의 사건이 되게 하옵소서.

하나님 아버지, 하나님 앞으로 올라가는 기도를 가르쳐 주시니 감사합니다. 하나님 앞으로 올라가는 기도를 하려면 하나님의 침묵을 잘 겪어야 한다고 합니다. 그런데 하나님의 침묵을 겪는 것이 너무 힘이 듭니다. 하나님의 금향로에 담기는 기도를 하라고 하지만 그러기에는 우리가 공평하지 못합니다. 성실하게 준비하기는커녕 급할 때만 간절히 기도하고, 평안의 때에는 기도가 안 나옵니다. 전도로 연결도 안 되고, 심판보다는 세상 복만을 구합니다. 그래서 하나님만 생각하면 죄송하고, 할 수 있는 것이 없어서 탄식만 합니다. 우리를 불쌍히 여겨 주옵소서.

이제는 내게 임한 재앙의 사건이 하나님으로부터 온 것임을 믿고, 하나님의 사랑 표현으로 받아들이기를 원합니다. 하나님이 침묵하셔도 원망하거나 포기하지 않고 더욱 간절히 기도하게 하옵소서. 나의 치우침을 인정하고, 내 안의 공평하지 못한 부분도 깨닫기를 원합니다. 극심한 고난 속에서도 이것이 하나님의 공평과 정의임을 인정하게 하옵소서. 기도에 앞서 미리 하나님의 마음을 헤아리고, 내가 아뢸 것도 미리 정리해서 기도함으로 중언부언하지 않는 기도를 하게 하옵소서. 나의 매인 환경을 통해 하나님이 전도할 문을 열어 주시고, 나의 간절한 기도로 말미암아 복음이 온 천하에서 열매를 맺어 자라 가게 하옵소서. 나를 괴롭히는 세력을 물리쳐 달라는 기도만 한 것을 용서해 주옵소서. 오히려 나의 가증함과 부패함을 보고 통곡하며 회개하게 하옵소서.

주님도 이 땅에 죽기 위해 오셨는데 저희도 주님처럼 사명대로 와서 사명대로 살다 사명대로 가는 인생을 살게 해 주옵소서. 하나님 앞으로 올라가는 기도를 하면서 그 믿음의 기도와 예수님의 중보기도가 합력하여 모든 심판의 사건도 구원의 사건이 되게 하옵소서. 예수님 이름으로 기도드립니다. 아멘.

 **살아내기** Keeping  기도로 살아내기

- 하나님이 침묵하시는 것처럼 느껴지는 사건에서 주님의 뜻을 생각해 보고, 하나님 앞에 올라가는 기도문을 작성해 봅시다.

그러므로 지금 올라가소서 곧 그를 만나리이다 하는지라

그들이 성읍으로 올라가서 그리로 들어갈 때에

사무엘이 마침 산당으로 올라가려고 마주 나오더라

삼상 9:13-14

# 06

# 떼 부리는 기도의 응답

사무엘상 9:1-14

# 떼 부리는 기도의 응답

사무엘상 9:1-14

**T** **마음 열기** Telling  마음을 열고 생각을 나누는 시간

• 지금 꼭 갖고 싶은 것이나 부러운 게 있다면 무엇입니까?

**H** **말씀 읽기** Holifying  주님을 만나는 묵상의 시간

사무엘상 9:1-14

1 베냐민 지파에 기스라 이름하는 유력한 사람이 있으니 그는 아비엘의 아들이요 스롤의 손자요 베고랏의 증손이요 아비아의 현손이며 베냐민 사람이더라 2 기스에게 아들이 있으니 그의 이름은 사울이요 준수한 소년이라 이스라엘 자손 중에 그보다 더 준수한 자가 없고 키는 모든 백성보다 어깨 위만큼 더 컸더라 3 사울의 아버지 기스가 암나귀들을 잃고 그의 아들 사울에게 이르되 너는 일어나 한 사환을 데리고 가서 암나귀들을 찾으라 하매 4 그가 에브라임 산지와 살리사 땅으로 두루 다녀 보았으나 찾지 못하고 사알림 땅으로 두루 다녀 보았으나 그 곳에는 없었고 베냐민 사람의 땅으로 두루 다녀 보았으나 찾지 못하니라 5 그들이 숩 땅에 이른 때에 사울이 함께 가던 사환에게 이르되 돌아가자 내 아버지께서 암나귀 생각은 고사하고 우리를 위하여 걱정하실까 두려워하노라 하니 6 그가 대답하되 보소서 이 성읍에 하나님의 사람이 있는데 존경을 받는 사람이라 그가 말한 것은 반드시 다 응하나니 그리로 가사이다 그가 혹 우리가 갈 길을 가르쳐 줄까 하나이다 하는지라 7 사울이 그의 사환에게 이르되 우리가 가면 그 사람에게 무엇을 드리겠

느냐 우리 주머니에 먹을 것이 다하였으니 하나님의 사람에게 드릴 예물이 없도 다 무엇이 있느냐 하니 8사환이 사울에게 다시 대답하여 이르되 보소서 내 손에 은 한 세겔의 사분의 일이 있으니 하나님의 사람에게 드려 우리 길을 가르쳐 달 라 하겠나이다 하더라 9 (옛적 이스라엘에 사람이 하나님께 가서 물으려 하면 말 하기를 선견자에게로 가자 하였으니 지금 선지자라 하는 자를 옛적에는 선견자라 일컬었더라) 10 사울이 그의 사환에게 이르되 네 말이 옳다 가자 하고 그들이 하 나님의 사람이 있는 성읍으로 가니라 11 그들이 성읍을 향한 비탈길로 올라가다가 물 길으러 나오는 소녀들을 만나 그들에게 묻되 선견자가 여기 있느냐 하니 12 그 들이 대답하여 이르되 있나이다 보소서 그가 당신보다 앞서 갔으니 빨리 가소서 백성이 오늘 산당에서 제사를 드리므로 그가 오늘 성읍에 들어오셨나이다 13 당신 들이 성읍으로 들어가면 그가 먹으러 산당에 올라가기 전에 곧 만나리이다 그가 오기 전에는 백성이 먹지 아니하나니 이는 그가 제물을 축사한 후에야 청함을 받 은 자가 먹음이니이다 그러므로 지금 올라가소서 곧 그를 만나리이다 하는지라 14 그들이 성읍으로 올라가서 그리로 들어갈 때에 사무엘이 마침 산당으로 올라 가려고 마주 나오더라

## 해석하기 Interpreting 구속사로 생각하기

하나님은 왕을 세워 달라는 이스라엘의 요구에 사울이라는 청년으로 응답하십니 다. 사울은 베냐민 지파 출신입니다. 창세기는 베냐민을 일컬어 "물어뜯는 이리" (창 49:27)라고 말합니다. 정말 야비하고 무서운 지파입니다. 그럼에도 하나님이 베 냐민 출신인 사울을 응답으로 주신 이유는 질투하기까지 백성을 사랑하시는 하나 님의 '사랑하심의 복수'입니다. 벌을 주셔서라도 하나님 알기를 원하시는 말할 수 없는 사랑인 것입니다. 우리가 세상 왕을 구하는 떼 부리는 기도를 할 때 하나님은 어떻게 응답하시는지 살펴봅니다.

## 1. 분노함으로 응답하십니다(1-2절).

1 베냐민 지파에 기스라 이름하는 유력한 사람이 있으니 그는 아비엘의 아들이요 스롤의 손자요 베고랏의 증손이요 아비아의 현손이며 베냐민 사람이더라 2 기스에게 아들이 있으니 그의 이름은 사울이요 준수한 소년이라 이스라엘 자손 중에 그보다 더 준수한 자가 없고 키는 모든 백성보다 어깨 위만큼 더 컸더라

이스라엘 백성이 왕을 달라고 부르짖자 준수한 외모의 사울이 등장합니다. 그런데 하나님을 버리고 선택한 왕, 사무엘 선지자보다 좋다고 구한 세상 왕이 너무나 무시되는 베냐민 지파 출신입니다. 이스라엘은 그 소식을 듣고 하나님을 불신했을 것입니다. 그러나 이것이 바로 떼 부리는 기도에 하나님이 분노하심으로 주시는 응답입니다. 벌을 주셔서라도 하나님을 알기 원하시는 말할 수 없는 사랑의 복수입니다. 우리가 떼 부리는 기도를 하면 하나님은 이런 사랑으로 응답하십니다. 벌을 주시고 망하게 하셔서라도 하나님을 알게 하십니다.

**기도** 떼 부리는 기도를 하지 말고 "하나님의 뜻대로 하옵소서"라고 기도합시다.

욕심으로 끊임없이 세상 왕을 구한 것을 회개합니다. 떼 부리는 기도에 분노함으로 응답해 주신 것을 알았사오니 용서해 주옵소서. 이제는 나의 원함을 내려놓고 오직 하나님의 뜻대로 하옵소서.

2 기스에게 아들이 있으니 그의 이름은 사울이요 준수한 소년이라 이스라엘 자손 중에 그보다 더 준수한 자가 없고 키는 모든 백성보다 어깨 위만큼 더 컸더라 3 사울의 아버지 기스가 암나귀들을 잃고 그의 아들 사울에게 이르되 너는 일어나 한 사환을 데리고 가서 암나귀들을 찾으라 하매 4 그가 에브라임 산지와 살리사 땅으로 두루 다녀 보았으나 찾지 못하고 사알림 땅으로 두루 다녀 보았으나 그 곳에는 없었고 베냐민 사람의 땅으로 두루 다녀 보았으나 찾지 못하니라 5 그들이 숩 땅에 이른 때에 사울이 함께 가던 사환에게 이르되 돌아가자 내 아버지께서 암나귀 생각은 고사하고 우리를 위하여 걱정하실까 두려워하노라 하니 6 그가 대답하되 보소서 이 성읍에 하나님의 사람이 있는데 존경을 받는 사람이라 그가 말한 것은 반드시 다 응하나니 그리로 가사이다 그가 혹 우리가 갈 길을 가르쳐 줄까 하나이다 하는지라 7 사울이 그의 사환에게 이르되 우리가 가면 그 사람에게 무엇을 드리겠느냐 우리 주머니에 먹을 것이 다하였으니 하나님의 사람에게 드릴 예물이 없도다 무엇이 있느냐 하니 8 사환이 사울에게 다시 대답하여 이르되 보소서 내 손에 은 한 세겔의 사분의 일이 있으니 하나님의 사람에게 드려 우리 길을 가르쳐 달라 하겠나이다 하더라 9 (옛적 이스라엘에 사람이 하나님께 가서 물으려 하면 말하기를 선견자에게로 가자 하였으니 지금 선지자라 하는 자를 옛적에는 선견자라 일컬었더라) 10 사울이 그의 사환에게 이르되 네 말이 옳다 가자 하고 그들이 하나님의 사람이 있는 성읍으로 가니라 11 그들이 성읍을 향한 비탈길로 올라가다가 물 길으러 나오는 소녀들을 만나 그들에게 묻되 선견자가 여기 있느냐 하니

하나님은 이스라엘의 떼 부리는 기도에 분노로 응답하시지만 그렇다고 무작정 벌만 주지는 않으십니다. 우리는 '사울은 무조건 나쁜 왕'이라는 고정관념이 있지만 하나님의 마음을 더 깊이 알기 위해 사울을 객관적으로 볼 수 있어야 합니다. 사울은 준수한 외모뿐 아니라 효심도 있고, 책임감과 예의를 갖춘 사람이었습니다. 외적으로 보기에 이스라엘 사람들이 단번에 좋아할 인물을 초대 왕으로 주신 것은 언약 백성을 위한 하나님의 최선입니다.

세상의 야망으로 왕을 구하는 우리에게 늘 최선의 준수함으로 응답해 주시는 주님, 끝까지 외모를 내려놓지 못하는 우리를 불쌍히 여겨 주옵소서. 하나님 없는 준수함에 속지 않도록 도와주시고, 외모로 사람을 판단하지 않도록 도와주옵소서.

---

## 3. 그럼에도 끝까지 우리를 사랑하십니다(12-14절).

12 그들이 대답하여 이르되 있나이다 보소서 그가 당신보다 앞서 갔으니 빨리 가소서 백성이 오늘 산당에서 제사를 드리므로 그가 오늘 성읍에 들어오셨나이다 13 당신들이 성읍으로 들어가면 그가 먹으러 산당에 올라가기 전에 곧 만나리이다 그가 오기 전에는 백성이 먹지 아니하나니 이는 그가 제물을 축사한 후에야 청함을 받은 자가 먹음이니이다 그러므로 지금 올라가소서 곧 그를 만나리이다 하는지라 14 그들이 성읍으로 올라가서 그리로 들어갈 때에 사무엘이 마침 산당으로 올라가려고 마주 나오더라

사울과 그의 사환이 사무엘을 만나려고 성읍으로 올라가서 산당으로 들어갈 때 마침 산당으로 올라가려던 사무엘과 마주칩니다. 우연인 듯 보여도 사울이 사무엘을 만난 것이야말로 하나님의 섭리입니다.

내 부모, 내 배우자를 만난 것이 우연이 아니라 하나님의 섭리요, 하나님이 나를 끝까지 사랑하신다는 신호임을 알게 하옵소서. 이 만남 가운데 하나님의 뜻이 감추어져 있다는 것을 잊지 말고, 끝까지 사랑받고 사랑하며 구원을 위해 살아가는 그 한 사람이 되게 해 주옵소서.

## 돌아보기 Nursing 말씀으로 돌아보고 기도하기

하나님 아버지, 이스라엘이 왕을 달라고 떼 부리는 기도를 하는 모습을 보면서 그런 기도는 불신자나 말씀을 읽지 않는 사람들이 하는 기도인 줄 알았습니다. 그런데 간절해지면 저희도 울며불며 떼 부리는 기도를 얼마나 많이 하는지 모릅니다. 그럼에도 하나님이 때마다 시마다 준수함으로 응답해 주시니 감사합니다.

그런데 이스라엘의 떼 부리는 기도에 하나님이 사울로 응답하신 것이 벌을 주셔서라도 하나님 알기를 원하시는 말할 수 없는 사랑임을 알았습니다. 그럼에도 떼 부리는 기도에 응답을 받고 그저 좋아만 한 우리를 불쌍히 여겨 주옵소서.

이제는 욕심으로 끊임없이 세상 왕을 구하느라 떼 부리는 기도를 하지 않겠습니다. 나의 원함을 내려놓고 오직 하나님의 뜻대로 기도하게 하옵소서. 내 눈에 보기 좋은 준수함에 속지 않게 해 주시고, 외모로 사람을 판단하지 않도록 도와주옵소서. 미우나 고우나 내 부모, 내 배우자를 만난 것이 우연이 아니라 하나님의 섭리요, 하나님이 나를 끝까지 사랑하신다는 신호임도 알게 하옵소서. 이 모든 만남 가운데 하나님의 뜻이 감추어져 있다는 것을 잊지 않고, 끝까지 사랑받고 사랑하며 구원을 위해 살아가는 그 한 사람이 되게 해 주옵소서. 예수님 이름으로 기도드립니다. 아멘.

**살아내기** Keeping  기도로 살아내기

- 지금껏 세상 왕을 구하느라 떼 부리며 기도한 것을 회개하는 기도문을 작성해 봅시다.

우리가 떼 부리는 기도를 하면 하나님은 이런 사랑으로 응답하십니다.

벌을 주고 망하게 하셔서라도 하나님을 알게 하십니다.

조금 나아가사 얼굴을 땅에 대시고 엎드려 기도하여 이르시되

내 아버지여 만일 할 만하시거든 이 잔을 내게서 지나가게 하옵소서

그러나 나의 원대로 마시옵고 아버지의 원대로 하옵소서 하시고

마 26:39

# 07

# 십자가를 길로 놓는 기도

마태복음 26:36-46

# 십자가를 길로 놓는 기도

마태복음 26:36-46

**마음 열기** Telling 　마음을 열고 생각을 나누는 시간

• 나는 하나님 아버지의 원대로 기도합니까? 그래서 십자가를 길로 놓고 갑니까?

**말씀 읽기** Holifying 　주님을 만나는 묵상의 시간

마태복음 26:36-46

36 이에 예수께서 제자들과 함께 겟세마네라 하는 곳에 이르러 제자들에게 이르시되 내가 저기 가서 기도할 동안에 너희는 여기 앉아 있으라 하시고 37 베드로와 세베대의 두 아들을 데리고 가실새 고민하고 슬퍼하사 38 이에 말씀하시되 내 마음이 매우 고민하여 죽게 되었으니 너희는 여기 머물러 나와 함께 깨어 있으라 하시고 39 조금 나아가사 얼굴을 땅에 대시고 엎드려 기도하여 이르시되 내 아버지여 만일 할 만하시거든 이 잔을 내게서 지나가게 하옵소서 그러나 나의 원대로 마시옵고 아버지의 원대로 하옵소서 하시고 40 제자들에게 오사 그 자는 것을 보시고 베드로에게 말씀하시되 너희가 나와 함께 한 시간도 이렇게 깨어 있을 수 없더냐 41 시험에 들지 않게 깨어 기도하라 마음에는 원이로되 육신이 약하도다 하시고 42 다시 두 번째 나아가 기도하여 이르시되 내 아버지여 만일 내가 마시지 않고는 이 잔이 내게서 지나갈 수 없거든 아버지의 원대로 되기를 원하나이다 하시고 43 다시 오사 보신즉 그들이 자니 이는 그들의 눈이 피곤함일러라 44 또 그들을 두시고 나아가 세 번째 같은 말씀으로 기도하신 후 45 이에 제자들에게 오사 이르

시되 이제는 자고 쉬라 보라 때가 가까이 왔으니 인자가 죄인의 손에 팔리느니라
46 일어나라 함께 가자 보라 나를 파는 자가 가까이 왔느니라



모든 인류에게 구원을 주시려고 주님은 겟세마네로 기도하러 가십니다. 그런데
주님은 수제자 베드로와 야고보, 요한까지도 근처에 머무르게 하시고 홀로 겟세
마네 동산에 올라 "나의 원대로 마시옵고 아버지의 원대로 하옵소서"라고 기도하
십니다. 제자들이 잠들어 있어도 여전히 같은 말씀, 여전한 방식으로 두 차례 더
기도하신 주님은 제자들에게 "함께 가자" 하며 십자가를 지러 가십니다. 십자가를
길로 놓고 가는 길은 이처럼 외롭지만, 또 함께 가야 할 길이기도 합니다. 주님과
함께 십자가 길을 잘 걸어가려면 어떻게 기도해야 할까요?

## 1. "내 원대로 마시옵고 아버지의 원대로 하옵소서" 기도해야 합니다(36-39절).

36 이에 예수께서 제자들과 함께 겟세마네라 하는 곳에 이르러 제자들에게 이르시되 내
가 저기 가서 기도할 동안에 너희는 여기 앉아 있으라 하시고 37 베드로와 세베대의 두 아
들을 데리고 가실새 고민하고 슬퍼하사 38 이에 말씀하시되 내 마음이 매우 고민하여 죽게
되었으니 너희는 여기 머물러 나와 함께 깨어 있으라 하시고 39 조금 나아가사 얼굴을 땅
에 대시고 엎드려 기도하여 이르시되 내 아버지여 만일 할 만하시거든 이 잔을 내게서 지
나가게 하옵소서 그러나 나의 원대로 마시옵고 아버지의 원대로 하옵소서 하시고

겟세마네는 '기름을 짜는 틀'이라는 뜻입니다. 주님은 십자가에 못 박히시기 전에
모든 인류의 구원을 위해 피땀을 짜내며 기도하셨습니다. 우리도 내 가족의 구원
을 위해 내 피땀을 짜내야 합니다. 제자들이 기도하지 못하리라는 것을 아신 주님
은 입구에 앉아 있으라 하신 뒤, 수제자 베드로와 야고보, 요한은 더 가까이 데려

가십니다. 기도는 함께할 때 더 큰 힘을 얻기도 하지만 이렇듯 홀로 기도해야 할 때도 있습니다.

**기도** <u>내 원대로가 아니라 아버지의 원대로 십자가를 잘 지고 살아갈 수 있기를 기도합시다.</u>
고민과 슬픔이 많은 인생입니다. 할 만 하시다면 이제는 이 쓴 잔을 내게서 지나가게 하옵소서. 그러나 나의 원대로 마시옵고 아버지의 원대로 하옵소서. 아버지의 원대로 주신 잔을 잘 마시고, 내 십자가를 잘 지고 가게 하옵소서.

---

---

---

## 2. 시험에 들지 않게 깨어 기도해야 합니다(40-44절).

40 제자들에게 오사 그 자는 것을 보시고 베드로에게 말씀하시되 너희가 나와 함께 한 시간도 이렇게 깨어 있을 수 없더냐 41 시험에 들지 않게 깨어 기도하라 마음에는 원이로되 육신이 약하도다 하시고 42 다시 두 번째 나아가 기도하여 이르시되 내 아버지여 만일 내가 마시지 않고는 이 잔이 내게서 지나갈 수 없거든 아버지의 원대로 되기를 원하나이다 하시고 43 다시 오사 보신즉 그들이 자니 이는 그들의 눈이 피곤함일러라 44 또 그들을 두시고 나아가 세 번째 같은 말씀으로 기도하신 후

주님께 훈련을 받았어도 제자들의 육신은 여전히 약합니다. 잠에 빠져 한 시간도 깨어 있지 못합니다. 반면에 주님은 제자들이 잠들어 있어도 여전히 같은 말씀, 여전한 방식으로 기도하십니다. 우리도 날마다 피곤하고, 졸리고, 육신이 약하고, 시

험에 들어도 여전한 방식으로 교회 오고, 기도하고, 큐티해야 합니다. 십자가를 길로 놓고 가려면 하루 한 시간이라도 깨어서 날마다 같은 말씀으로 기도하는 것 외에는 다른 길이 없습니다.



교회를 열심히 다녀도 쾌락, 음란, 게으름, 각종 중독의 잠을 자느라고 한 시간도 깨어 있지 못합니다. 말씀만 보면 피곤하고, 졸려서 날마다 시험에 듭니다. 그러나 이제는 내게 주어진 고난의 쓴 잔도 잘 마시기를 원합니다. 여전한 방식으로 교회에 가고, 큐티하면서 한 시간만이라도 주님과 함께 깨어 기도하게 하옵소서.

---

---

## 3. 일어나 함께 가야 합니다(45-46절).

45 이에 제자들에게 오사 이르시되 이제는 자고 쉬라 보라 때가 가까이 왔으니 인자가 죄인의 손에 팔리느니라 46 일어나라 함께 가자 보라 나를 파는 자가 가까이 왔느니라

예수님은 아직은 제자들이 깨닫지 못할 것을 아시고 "이제는 자고 쉬라" 하십니다. 그러면서도 "함께 가자"고 하십니다. 이는 "나와 너는 한 몸이므로, 내가 가는 길을 보아야 너희도 갈 수 있다"라는 뜻입니다. 우리도 날마다 내 식구들에게 "일어나라 함께 가자" 해야 합니다.

 항상 주님과 함께함으로 십자가를 길로 놓고 갈 수 있도록 기도합시다.

때가 가까이 왔으니 이제는 내게 맡기신 내 가족, 내 이웃에게 천국을 보여 주는 인생이 되기로 결단합니다. 주님과 함께 십자가 잘 질 수 있도록 "일어나라 함께 가자" 불러 주시고, 함께하여 주옵소서.

**돌아보기** | Nursing  말씀으로 돌아보고 기도하기

하나님 아버지, 십자가를 잘 지는 인생이 되려면 "내 원대로 마시옵고 아버지의 원대로 하옵소서" 기도해야 함을 알았습니다. 시험에 들지 않도록 날마다 깨어 기도해야 함도 알았습니다. 그러므로 이제는 아버지의 원대로 살면서 주님처럼 십자가를 길로 놓고 가기를 원합니다.

그런데 저마다 자존심과 쾌락, 음란과 게으름과 여러 중독으로 한 시간도 깨어 있지를 못하는 우리입니다. 그래서 날마다 시험에 듭니다. 바람피우는 배우자를 용서할 수 없고, 삿대질하고 대드는 자녀도 용서할 수 없습니다. 아버지의 원에는 관심조차 없고, 여전히 내 원대로 기도합니다. 이토록 육신이 약합니다. 불쌍히 여겨 주옵소서.

이제는 부도가 나고, 암에 걸리고, 배우자가 바람을 피우고, 자식이 속을 썩여도 그 잔을 피하지 않겠습니다. 내 가족, 내 이웃의 구원을 위해 고요히 그 잔을 마시겠습니다. 하루하루 사는 것이 피곤하고 졸려도, 육신이 약하고 시험에 들어도 여전한 방식으로 교회에 가고, 큐티하겠습니다. 하루 한 시간이라도 깨어서 날마다 같은 말씀으로 기도하고 내 원대로가 아니라 아버지의 원대로 기도하겠습니다.

그러나 내 힘으로는 십자가를 질 수 없고, 사랑할 수도 없습니다. 주님이 "일어나라" 깨워 주시고, "함께 가자" 손잡아 주옵소서. 힘들고 외로워도 아버지의 원이 저의 소원이 되어 오늘도 십자가 길을 잘 걸어가게 하옵소서. 가장 귀하고, 가장 가치 있는 일인 영혼 구원을 위해 피땀을 쏟으며 기도하고, 십자가 잘 지는 하루를 살게 하옵소서. 예수님 이름으로 기도드립니다. 아멘.

 **살아내기** Keeping 기도로 살아내기

- 내게 맡기신 십자가가 무엇인지 깊이 묵상하면서 그 십자가를 잘 지기 위한 기도문을 작성해 봅시다.

사울과 그의 아들 요나단의 뼈와 함께 베냐민 땅 셀라에서

그의 아버지 기스의 묘에 장사하되 모두 왕의 명령을 따라 행하니라

그 후에야 하나님이 그 땅을 위한 기도를 들으시니라

삼하 21:14

# 08

# 진정한 회개 기도

사무엘하 21:10-22

# 08 진정한 회개 기도

사무엘하 21:10-22

 **마음 열기** Telling  마음을 열고 생각을 나누는 시간

• 가정을 살리기 위해 고백하고 회개해야 할 숨은 부끄러움의 일이 있습니까?

 **말씀 읽기** Holifying  주님을 만나는 묵상의 시간

사무엘하 21:10-22

10 아야의 딸 리스바가 굵은 베를 가져다가 자기를 위하여 바위 위에 펴고 곡식 베기 시작할 때부터 하늘에서 비가 시체에 쏟아지기까지 그 시체에 낮에는 공중의 새가 앉지 못하게 하고 밤에는 들짐승이 범하지 못하게 한지라 11 이에 아야의 딸 사울의 첩 리스바가 행한 일이 다윗에게 알려지매 12 다윗이 가서 사울의 뼈와 그의 아들 요나단의 뼈를 길르앗 야베스 사람에게서 가져가니 이는 전에 블레셋 사람들이 사울을 길보아에서 죽여 블레셋 사람들이 벧산 거리에 매단 것을 그들이 가만히 가져온 것이라 13 다윗이 그 곳에서 사울의 뼈와 그의 아들 요나단의 뼈를 가지고 올라오매 사람들이 그 달려 죽은 자들의 뼈를 거두어다가 14 사울과 그의 아들 요나단의 뼈와 함께 베냐민 땅 셀라에서 그의 아버지 기스의 묘에 장사하되 모두 왕의 명령을 따라 행하니라 그 후에야 하나님이 그 땅을 위한 기도를 들으시니라 15 블레셋 사람이 다시 이스라엘을 치거늘 다윗이 그의 부하들과 함께 내려가서 블레셋 사람과 싸우더니 다윗이 피곤하매 16 거인족의 아들 중에 무게가 삼백 세겔 되는 놋 창을 들고 새 칼을 찬 이스비브놉이 다윗을 죽이려 하므로

17 스루야의 아들 아비새가 다윗을 도와 그 블레셋 사람을 쳐죽이니 그 때에 다윗의 추종자들이 그에게 맹세하여 이르되 왕은 다시 우리와 함께 전장에 나가지 마옵소서 이스라엘의 등불이 꺼지지 말게 하옵소서 하니라 18 그 후에 다시 블레셋 사람과 곱에서 전쟁할 때에 후사 사람 십브개는 거인족의 아들 중의 삽을 쳐죽였고 19 또 다시 블레셋 사람과 곱에서 전쟁할 때에 베들레헴 사람 야레오르김의 아들 엘하난은 가드 골리앗의 아우 라흐미를 죽였는데 그 자의 창 자루는 베틀 채 같았더라 20 또 가드에서 전쟁할 때에 그 곳에 키가 큰 자 하나는 손가락과 발가락이 각기 여섯 개씩 모두 스물네 개가 있는데 그도 거인족의 소생이라 21 그가 이스라엘 사람을 능욕하므로 다윗의 형 삼마의 아들 요나단이 그를 죽이니라 22 이 네 사람 가드의 거인족의 소생이 다윗의 손과 그의 부하들의 손에 다 넘어졌더라

**해석하기** | Interpreting 구속사로 생각하기

하나님께서는 꺼져 가는 사울 가문을 살리기 위해 연약하고 비천한 여인 리스바를 허락하십니다. 사울의 첩이었던 리스바는 자기 두 아들을 비롯한 사울 자손들이 기브온에 의해 목매달려 죽자 그 시신을 밤낮으로 지킵니다. 언제 끝날지 모르는 하나님의 진노 가운데 자기 집안의 죄와 수치가 모두 드러나는 외롭고 비참한 시간이었지만, 그 시간을 자기 자신을 위한 회개, 자기 자신에 대한 회개로 채웁니다. 이러한 회개와 인내의 시간이 찬 후 그 소식이 다윗에게 알려지고, 다윗은 사울 자손의 시신을 거두어 사울의 아버지 기스의 묘에 함께 장사해 줍니다. 하나님이 그 땅을 위한 리스바의 기도를 들으신 것입니다. 하나님이 들으시는 진정한 회개 기도는 어떻게 해야 하는지, 또 하나님은 어떻게 응답하시는지 살펴봅니다.

## 1. 자기 자신을 위해 회개해야 합니다(10a절).

10a 아야의 딸 리스바가 굵은 베를 가져다가 자기를 위하여 바위 위에 펴고

리스바는 회개의 상징인 굵은 베를 '자기를 위하여' '바위', 즉 반석이신 예수 그리스도 위에 폅니다. 사울의 죄로 인해 자손들이 참혹한 대가를 치를 때 그녀 스스로 나서서 회개의 역사를 보인 것입니다. 그녀의 회개는 사울을 위해, 죽은 자손들을 위해, 손자들을 위한 것이 아닙니다. '자기를 위하여' 회개했습니다. 회개는 우선 자기 자신을 위한 것이고, 오롯이 자신에 대한 것이어야 합니다. 조상 때문에, 부모 자식 때문에 하기에 앞서 나의 죄 때문에 회개하는 것입니다.

기도 리스바처럼 자기를 위한 회개가 터져 나오게 해 달라고 기도합시다.

죽을 것 같은 환경과 사건에서 남 탓만 하거나 정죄감에 빠져 있던 것을 불쌍히 여겨 주옵소서. 어떠한 환경에서도 해결을 위한 기도가 아닌 리스바처럼 주님 앞에 굵은 베를 펴는 회개의 기도를 하도록 붙들어 주옵소서.

___

## 2. 인내로 회개해야 합니다(10b-11절).

10b 곡식 베기 시작할 때부터 하늘에서 비가 시체에 쏟아지기까지 그 시체에 낮에는 공중의 새가 앉지 못하게 하고 밤에는 들짐승이 범하지 못하게 한지라 11 이에 아야의 딸 사울의 첩 리스바가 행한 일이 다윗에게 알려지매

신학자들은 리스바가 자손들의 시체를 지켰던 기간을 6개월 이상으로 봅니다. 끝을 알 수 없는 하나님의 진노 가운데 리스바가 집안의 수치를 드러내며 밤낮으로 시체를 지키고 인내하며 회개했습니다. 그러므로 그 회개의 소식이 다윗에게까지 알려집니다.



집안의 수치가 드러날까 두려워 쉬쉬하며 살았습니다. 매사 부모 탓, 집안 탓만 했습니다. 이제는 내 집안의 수치와 죄가 끊어질 때까지 인내하며 내 죄만 회개하게 하옵소서.

___________________________________________

___________________________________________

___________________________________________

## 3. 진정한 회개는 다른 사람의 변화를 불러일으킵니다(12-14절).

12 다윗이 가서 사울의 뼈와 그의 아들 요나단의 뼈를 길르앗 야베스 사람에게서 가져가니 이는 전에 블레셋 사람들이 사울을 길보아에서 죽여 블레셋 사람들이 벧산 거리에 매단 것을 그들이 가만히 가져온 것이라 13 다윗이 그 곳에서 사울의 뼈와 그의 아들 요나단의 뼈를 가지고 올라오매 사람들이 그 달려 죽은 자들의 뼈를 거두어다가 14 사울과 그의 아들 요나단의 뼈와 함께 베냐민 땅 셀라에서 그의 아버지 기스의 묘에 장사하되 모두 왕의 명령을 따라 행하니라 그 후에야 하나님이 그 땅을 위한 기도를 들으시니라

리스바의 이야기를 전해 듣고 은혜받은 다윗은 목매달려 죽은 사울 자손뿐만 아니라 사울과 요나단의 뼈까지 거두어서 장사를 치러 줍니다. 그러자 다윗이 기도해도 소용없던 이스라엘의 3년 기근이 비로소 그칩니다. 리스바 한 사람의 '나를 위한 회개'가 결국은 모든 사람을 살린 것입니다.

**기도** 진정한 회개 없이 남 탓만 했음을 회개합시다.

진정한 회개가 없었기에 기근이 그치지 않고 내 가족이 변하지 않는 것을 이제야 알았습니다. 진정한 회개로 내가 먼저 변화되게 하옵소서. 말씀으로 기근이 해석되고 해결되게 하옵소서. 가정이 살아나고, 공동체가 살아나게 하옵소서.

___________________________________________________

___________________________________________________

___________________________________________________

## 4. 좋은 공동체의 축복을 주십니다(15-22절).

15 블레셋 사람이 다시 이스라엘을 치거늘 다윗이 그의 부하들과 함께 내려가서 블레셋 사람과 싸우더니 다윗이 피곤하매 16 거인족의 아들 중에 무게가 삼백 세겔 되는 놋 창을 들고 새 칼을 찬 이스비브놉이 다윗을 죽이려 하므로 17 스루야의 아들 아비새가 다윗을 도와 그 블레셋 사람을 쳐죽이니 그 때에 다윗의 추종자들이 그에게 맹세하여 이르되 왕은 다시 우리와 함께 전장에 나가지 마옵소서 이스라엘의 등불이 꺼지지 말게 하옵소서 하니라 18 그 후에 다시 블레셋 사람과 곱에서 전쟁할 때에 후사 사람 십브개는 거인족의 아들 중의 삽을 쳐죽였고 19 또 다시 블레셋 사람과 곱에서 전쟁할 때에 베들레헴 사람 야레오르김의 아들 엘하난은 가드 골리앗의 아우 라흐미를 죽였는데 그 자의 창 자루는 베틀 채

같았더라 20 또 가드에서 전쟁할 때에 그 곳에 키가 큰 자 하나는 손가락과 발가락이 각기 여섯 개씩 모두 스물네 개가 있는데 그도 거인족의 소생이라 21 그가 이스라엘 사람을 능욕하므로 다윗의 형 삼마의 아들 요나단이 그를 죽이니라 22 이 네 사람 가드의 거인족의 소생이 다윗의 손과 그의 부하들의 손에 다 넘어졌더라

리스바의 회개로 하나가 되니 아무리 대단한 적이 쳐들어와도 이스라엘은 백전백승합니다. 지도자 다윗은 피곤해도 솔선수범하고, 백성은 자신을 돌보지 않고 헌신합니다. 이처럼 자원하는 공동체는 어떤 무서운 시험이 와도 이겨 낼 수 있습니다. 한 사람의 회개와 적용이 나라를 살립니다.

**기도** 시험과 전쟁으로 피곤한 내 지체의 고난을 내 일처럼 여기며 승리하게 해 달라고 기도합시다.

끊임없는 기근과 전쟁으로 여전히 피곤한 인생들입니다. 내 지체의 고난을 내 일처럼 여기며 가정과 목장, 교회가 한마음 되어 기도하오니 승리하게 하옵소서.

하나님 아버지, 사울의 첩 리스바 한 사람의 진정한 회개로 사울의 집안이 살아나고, 이스라엘에 3년 기근이 그쳤다고 합니다. 끊임없이 침략하는 블레셋 때문에 다윗이 피곤하여도 공동체가 하나 되어 이스라엘이 백전백승한 것을 보았습니다. 사람을 살리고 교회를 살리고 나라를 살리는 이런 진정한 회개 기도가 우리 입에서도 터져 나오면 좋겠습니다.

그러려면 먼저 굵은 베를 가져다가 '자기를 위하여' 바위 위에 펴라고 하십니다. 하나님이 그 기도를 들으시는 날까지 인내하라고 하십니다. 그런데 내 죄를 보지 못해서 늘 조상 탓, 부모 탓, 자식 탓만 합니다. 잠시도 인내하지 못해서 날마다 하나님을 원망합니다. 이런 우리를 불쌍히 여겨 주옵소서. 이제는 6개월이든 1년이든 하나님이 그 기도를 들으시는 날까지 오롯이 나를 위하여 나의 죄를 회개할 수 있도록 인내도 허락해 주옵소서.

그러나 인내하며 진정으로 회개하는 적용을 하여도 날마다 전쟁이 그치지 않는다고 합니다. 우리 삶의 안팎에서 사탄의 세력이 집요하게 쳐들어옵니다. 그래서 인생이 피곤합니다. 홀로 싸우기에는 너무나 힘듭니다. 그런데 이런 우리를 위해 하나님의 공동체를 허락해 주시니 얼마나 감사한지요. 이제는 우리 각자가 삼백 세겔 되는 놋을 들고 다윗을 구한 아비새와, 거인족의 후손 삽을 쳐 죽인 십브개와, 골리앗의 아우 라흐미를 죽인 엘하난 같은 지체가 되어서 사람을 살리고 교회를 살리고 나라를 살리는 사명을 잘 감당하기를 원합니다. 리스바처럼 내가 먼저 나를 위하여 진정 회개함으로 나아갈 때 응답받는 기도의 주인공들이 될 줄 믿습니다. 3년 기근을 멈추어 주시고, 모든 전쟁에서 승리할 수 있도록 도와주옵소서. 예수님 이름으로 기도드립니다. 아멘.

● 다른 사람을 위해 자기 죄를 회개한 리스바처럼 회개 기도문을 작성해 봅시다.

# THINK

하나님은 하늘 높은 곳에 계시지만

결코 우리로부터 멀리 떨어져 계신 분이 아닙니다.

우리가 억울하게 당하는 일을 직접 다 보시고 들으십니다.

그리고 책임져 주십니다.

이것이 바로 하나님의 자녀인 우리가 받은 놀라운 특권입니다.

그러므로 아무리 깊고 어두운 구덩이에 빠져도

우리는 나를 구원할 자를 찾아 이리저리 세상을 방황할 필요가 없습니다.

"귀를 기울여 들으소서! 눈을 떠서 보시옵소서!" 하며

살아 계신 하나님께 간절하게 기도하면 됩니다.

그리하면 참된 구원의 역사를 경험하게 될 것입니다.

PART 2

# 기도의 실제

레아가 임신하여 아들을 낳고 그 이름을 르우벤이라 하여 이르되

여호와께서 나의 괴로움을 돌보셨으니

이제는 내 남편이 나를 사랑하리로다 하였더라

창 29:32

# 09

# 괴로울 때 간구하는 기도

창세기 29:31-35

# 09 괴로울 때 간구하는 기도

창세기 29:31-35

**T** **마음 열기** Telling  마음을 열고 생각을 나누는 시간

- 나는 무슨 일로 괴로워합니까? 여호와께서 나의 괴로움을 돌보아 주시기를 기도합니까?

**H** **말씀 읽기** Holifying  주님을 만나는 묵상의 시간

창세기 29:31-35

31 여호와께서 레아가 사랑 받지 못함을 보시고 그의 태를 여셨으나 라헬은 자녀가 없었더라 32 레아가 임신하여 아들을 낳고 그 이름을 르우벤이라 하여 이르되 여호와께서 나의 괴로움을 돌보셨으니 이제는 내 남편이 나를 사랑하리로다 하였더라 33 그가 다시 임신하여 아들을 낳고 이르되 여호와께서 내가 사랑 받지 못함을 들으셨으므로 내게 이 아들도 주셨도다 하고 그의 이름을 시므온이라 하였으며 34 그가 또 임신하여 아들을 낳고 이르되 내가 그에게 세 아들을 낳았으니 내 남편이 지금부터 나와 연합하리로다 하고 그의 이름을 레위라 하였으며 35 그가 또 임신하여 아들을 낳고 이르되 내가 이제는 여호와를 찬송하리로다 하고 이로 말미암아 그가 그의 이름을 유다라 하였고 그의 출산이 멈추었더라

레아가 사랑받지 못함을 보시고 하나님이 그의 태를 여셨다고 합니다. '사랑받지 못함'이라는 성경 원어에는 '가증히 여김받다', '줄곧 미움을 받다'라는 의미가 담겨 있습니다. 레아가 야곱으로부터 그만큼 미움만 받았다는 것입니다. 그럼에도 하나님은 레아의 태를 열어 주시고, 그를 통해 여자의 후손으로 오실 예수 그리스도가 태어나게 하셨습니다. 지독한 무시와 미움을 받는 가운데서도 영적 후사를 낳았기에 그야말로 가장 큰일을 한 것입니다. 우리 인생살이에도 수많은 문제가 얽히고설켜 있습니다. 그러나 레아처럼 괴로움을 돌보아 주시기를 기도하면 하나님이 닫혀 있던 내 인생의 모든 태를 반드시 열어 주실 것입니다. 레아가 어떻게 기도했는지 살펴봅니다.

## 1. 공평하신 하나님을 찬송하며 기도합니다(31절).

31 여호와께서 레아가 사랑 받지 못함을 보시고 그의 태를 여셨으나 라헬은 자녀가 없었더라

여호와께서 레아가 사랑받지 못함을 보시고 그의 태를 여셨다고 합니다. 배우자가, 부모가 나를 바라봐 주는 것보다 하나님이 보시는 게 중요합니다. 레아처럼 핍박과 멸시를 받고, 버림당한 처지라 하여도 하나님이 '보시면' 게임 끝입니다. 하나님이 보아 주시면 풀리지 않는 문제가 없습니다. 닫혀 있던 내 인생의 모든 태를 열어 주십니다. 내가 미움받는 그 자리가 하나님이 구원을 베푸시는 자리가 됩니다.

**기도** 배우자로부터, 부모, 자식으로부터 사랑받지 못함을 하나님이 보아 주시고, 전도의 태를 열어 주시기를 기도합시다.

배우자에게, 부모에게 사랑받지 못해서 날마다 애통합니다. 미움받고 힘든 지금의 자리가 하나

님이 구원을 베푸시는 자리가 될 수 있도록 하나님이 보아 주옵소서. 영적 자녀 낳는 사명을 잘 감당할 수 있도록 저를 사용해 주옵소서.

___________________________________________________

___________________________________________________

___________________________________________________

## 2. 간절히 기도할 때 모든 괴로움을 돌보아 주십니다(32-34절).

32 레아가 임신하여 아들을 낳고 그 이름을 르우벤이라 하여 이르되 여호와께서 나의 괴로움을 돌보셨으니 이제는 내 남편이 나를 사랑하리로다 하였더라 33 그가 다시 임신하여 아들을 낳고 이르되 여호와께서 내가 사랑 받지 못함을 들으셨으므로 내게 이 아들도 주셨도다 하고 그의 이름을 시므온이라 하였으며 34 그가 또 임신하여 아들을 낳고 이르되 내가 그에게 세 아들을 낳았으니 내 남편이 지금부터 나와 연합하리로다 하고 그의 이름을 레위라 하였으며

레아 입장에서 보면 아버지는 나를 팔아먹고, 남편 야곱은 동생 라헬만 사랑하고…… 누구 하나 레아를 진심으로 사랑해 주는 이가 없습니다. 참 외로운 인생입니다. 그에게는 부를 이름이 오직 하나님밖에 없었습니다. 그러므로 하나님은 이런 레아를 보시고 태를 열어 주셔서 아들 르우벤을 낳게 하십니다. '르우벤.' 남편의 사랑을 받지 못하는 레아의 슬픔이 담긴 이름입니다. 그러나 하나님께서 레아의 괴로움을 돌보신 기쁨의 이름이기도 합니다. 그렇지만 레아는 여전히 야곱에게 사랑받지 못함을 하나님께 고합니다. 하나님은 그 기도를 들으시고 이번에는 둘째 아들 '시므온'과 셋째 아들을 '레위'를 주십니다.

 인생이 힘들고 괴로워도 하나님이 우리의 기도를 들어주실 것을 믿고 간절히 기도합시다. 하나님과 연합하여 영적 후사 낳는 사명을 잘 감당하기를 기도합시다.

진심으로 사랑해 주는 이가 없어서 참 인생이 외롭고 힘듭니다. 그래서 부를 이름이 오직 하나님밖에 없는 저희의 괴로움을 보아 주옵소서. 우리의 기도를 들어주시고, 하나님과 연합함으로 영적 후사 낳는 사명을 잘 감당하게 하옵소서.

___________________________________________

___________________________________________

___________________________________________

## 3. 환경이 변하지 않아도 여호와를 찬송하며 기도합니다(35절).

35 그가 또 임신하여 아들을 낳고 이르되 내가 이제는 여호와를 찬송하리로다 하고 이로 말미암아 그가 그의 이름을 유다라 하였고 그의 출산이 멈추었더라

레아는 마침내 넷째 아들 유다를 낳으며 홈런을 칩니다. 그리고 "이제는 여호와를 찬송하리로다" 고백합니다. 레아가 사랑받지 못해도 이렇게 아들을 낳으니까, 다시 말해 전도하면서 영적 후사를 낳고 있으니까 영원히 찬양받으실 예수님의 직계 조상이 탄생한 것입니다. 그러니 우리도 배우자에게, 부모에게, 자식에게 미움받고 누구 하나 사랑해 주는 이 없어도 '아들을 낳는 일'에 최선을 다해야 합니다. 주님의 증인이 되어 사람을 살려야 합니다. 나의 고난을 약재료로 내놓으며 생명을 낳고 또 낳는 사명을 감당해야 합니다.

 어떤 환경에서도 여호와를 찬송하며 사는 인생이 되기를 기도합시다.

배우자에게, 부모에게, 자식에게 미움받아도, 누구 하나 사랑해 주는 이가 없어도 하나님을 찬

송하며 '아들을 낳는 일'에 최선을 다하겠습니다. 나의 고난을 약재료로 내놓으며 생명을 낳고 또 낳는 사명을 잘 감당할 수 있도록 우리의 찬송을 받아 주시고, 영적 생명을 낳는 태를 열어 주옵소서.

---

 **돌아보기** | Nursing 말씀으로 돌아보고 기도하기

하나님 아버지, 라헬처럼 모두에게 인정받고 사랑받기만을 바라는 우리입니다. 그런데 레아처럼 배우자에게 부모에게 자식에게 사랑받지 못해서 괴롭고, 미움만 받아서 하루하루가 괴롭습니다. 진심으로 사랑해 주는 이가 없어서 인생이 참 외롭기만 합니다. 미워하는 배우자와 부모, 자식으로부터 배신당한 아픔이 너무나 쓰라려서 용서가 안 됩니다. 이런 우리를 불쌍히 여겨 주옵소서.

비록 야곱에게 사랑받지 못한 레아지만 그럼에도 포기하지 않고 끊임없이, 간절히 하나님의 이름을 부르는 모습을 보았습니다. 그래서 예수님의 조상을 낳는 놀라운 축복의 주인공이 됨을 보았습니다. 우리도 이제는 오직 하나님만 부르고 또 부르겠습니다.

사랑받지 못한 나의 상처와 아픔이 약재료가 돼서 사람을 살리는 인생이 되게 하옵소서. 괴로운 환경 가운데서도 공평하신 하나님을 찬송하오니 우리를 사용하여 주옵소서. 영적 후손을 주렁주렁 낳는 레아가 되게 해 주옵소서. 십자가를 잘 지고서 전도할 때, 낳고 낳는 생명의 역사가 일어나게 하옵소서. 미움받는 이 자리가 하나님이 구원을 베푸시는 자리가 되게 하옵소서. 괴롭고 슬퍼도 아버지 하나님을 부를 수 있는 것이 얼마나 감사한지요. 그래서 다시 한번 하나님을 찬송합니다. 찬송받기에 합당하신 하나님 아버지, 우리의 찬송을 받아 주옵소서. 예수님 이름으로 기도드립니다. 아멘.

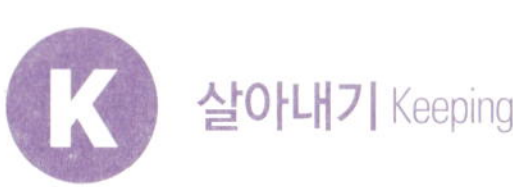 

- 사랑받지 못하는 괴로운 자리가 구원을 베푸신 자리가 되게 하신 하나님을 찬송 하는 기도문을 작성해 봅시다.

우리가 알거니와 하나님을 사랑하는 자

곧 그의 뜻대로 부르심을 입은 자들에게는

모든 것이 합력하여 선을 이루느니라

롬 8:28

# 10

# 합력하여 선을 이루는 기도

로마서 8:26-30

# 10 합력하여 선을 이루는 기도

로마서 8:26-30

**마음 열기** Telling  마음을 열고 생각을 나누는 시간

• 내가 비록 연약한 인생이지만 성령이 말할 수 없는 탄식으로 친히 간구하심으로 모든 것이 합력하여 선을 이루게 될 줄 믿습니까?

**말씀 읽기** Holifying  주님을 만나는 묵상의 시간

로마서 8:26-30

26 이와 같이 성령도 우리의 연약함을 도우시나니 우리는 마땅히 기도할 바를 알지 못하나 오직 성령이 말할 수 없는 탄식으로 우리를 위하여 친히 간구하시느니라 27 마음을 살피시는 이가 성령의 생각을 아시나니 이는 성령이 하나님의 뜻대로 성도를 위하여 간구하심이니라 28 우리가 알거니와 하나님을 사랑하는 자 곧 그의 뜻대로 부르심을 입은 자들에게는 모든 것이 합력하여 선을 이루느니라 29 하나님이 미리 아신 자들을 또한 그 아들의 형상을 본받게 하기 위하여 미리 정하셨으니 이는 그로 많은 형제 중에서 맏아들이 되게 하려 하심이니라 30 또 미리 정하신 그들을 또한 부르시고 부르신 그들을 또한 의롭다 하시고 의롭다 하신 그들을 또한 영화롭게 하셨느니라

사도 바울은 로마서 8장 말씀을 통해 그리스도 예수 안에 있는 자에게는 결코 정죄함이 없고, 성령의 법이 우리를 죄와 사망의 법에서 해방해 주었다고 했습니다. 이처럼 하나님의 자녀가 된 우리는 엄청난 특권을 가진 자들입니다. 그러나 온전히 선을 이루기에는 여전히 연약하기에 성령이 말할 수 없는 탄식으로 우리를 위하여 친히 간구하신다고 합니다. 그렇다고 하나님이 무조건 선을 이루어주실 것만 믿고, 내 할 일을 수수방관해선 안 됩니다. 인생의 모든 것이 합력하여 선을 이루려면 내 책무도 다해야 합니다. 우리가 힘써야 할 것이 무엇인지 살펴봅니다.

## 1. 연약한 우리를 도우시는 성령의 탄식을 알아야 합니다(26절).

26 이와 같이 성령도 우리의 연약함을 도우시나니 우리는 마땅히 기도할 바를 알지 못하나 오직 성령이 말할 수 없는 탄식으로 우리를 위하여 친히 간구하시느니라

우리는 연약해서 마땅히 기도할 바를 알지 못하는 인생입니다. 그렇기에 성령님이 말할 수 없는 탄식으로 우리를 위하여 친히 간구하신다고 합니다. 이런 성령님의 탄식이 나에게 전해져야 합니다. 이제는 하나님의 자녀로서 마땅히 기도할 바를 알고 구해야 합니다. 무엇이 진정 중요한 것인지를 모르고 구하는 우리 때문에 성령님이 탄식하십니다. 우리의 연약함을 아시고, 우리를 위하여 친히 간구하시는 성령님의 탄식에 귀를 기울이십시오. 그 탄식 가운데서 하나님의 마음을 알아갈 때 마땅히 기도할 바를 알고 구할 수 있습니다.

**기도** 입으로만 내뱉고, 죄를 짓고도 감추며 이기적이고 형식적인 기도를 했음을 회개합시다.

마땅히 기도할 바를 알지 못해서 내 유익만 구하는 기도를 하며 성령님을 탄식하게 한 죄인입니다. 이제는 하나님이 보시기에 마땅하고 합당한 기도를 할 수 있도록 성령님이 도와주옵소서.

## 2. 하나님의 뜻대로 기도해야 합니다(27절).

27 마음을 살피시는 이가 성령의 생각을 아시나니 이는 성령이 하나님의 뜻대로 성도를 위하여 간구하심이니라

다윗은 "하나님이 사람의 마음과 양심을 감찰하시나이다"(시 7:9)라고 했습니다. 주님은 내 마음을 감찰하십니다. 우리에게 좋은 것이 무엇인지, 어느 때에 주시는 것이 좋은지를 성령님이 너무 잘 아시고 우리를 인도하십니다. 그러므로 우리도 하나님의 마음을 살필 수 있어야 합니다. 성령의 생각을 알아서 하나님의 뜻대로 간구해야 합니다.

**기도** 하나님의 마음을 살피고, 성령의 생각을 알아서 하나님 뜻대로 살아가기를 기도합시다.

하나님의 살피심을 피해 다니며 내 뜻대로 살았음을 회개합니다. 죄를 지어도 저의 진심이 하나님을 향해 있음을 주님이 아시오니 하나님의 뜻대로 살아갈 수 있도록 살펴 주옵소서.

### 3. 하나님을 사랑하는 자가 되기를 간구해야 합니다(28절).

28 우리가 알거니와 하나님을 사랑하는 자 곧 그의 뜻대로 부르심을 입은 자들에게는 모든 것이 합력하여 선을 이루느니라

하나님은 자기의 연약함을 보고 하나님의 도우심을 구하는 자, 하나님을 사랑하는 자들에게는 모든 것이 합력하여 선을 이루게 하십니다. 그러나 하나님 나라의 선(善)은 '나 보기에 좋은 것'이 아닙니다. 우리가 성화를 이루고 영화롭게 되기 위한 모든 사건과 경험이 선입니다. 내 연약함을 인정하고 하나님의 뜻대로 살고자 하는 사람에게는 가난과 무력함과 질병까지도 선을 이루는 도구가 됩니다.

**기도** 더욱 간절히 하나님을 사랑하며 하나님의 뜻을 구하므로 합력하여 선을 이루는 인생이 되기를 기도합시다.

하나님이 무조건 선을 이루어 주실 것이라 믿고 방관하며 내 뜻대로 살다 보니 모든 것이 합력하여 악을 이루는 인생이 되었음을 회개합니다. 이제는 더욱 간절히 하나님을 사랑하고 하나님의 뜻을 구하므로 삶의 모든 것이 합력하여 선을 이루게 하옵소서.

---

---

---

### 4. 예수님의 형상을 본받기 위해 기도해야 합니다(29-30절).

29 하나님이 미리 아신 자들을 또한 그 아들의 형상을 본받게 하기 위하여 미리 정하셨으니 이는 그로 많은 형제 중에서 맏아들이 되게 하려 하심이니라 30 또 미리 정하신 그들을

또한 부르시고 부르신 그들을 또한 의롭다 하시고 의롭다 하신 그들을 또한 영화롭게 하셨
느니라

28절 "합력하여 선을 이루느니라"와 29절 말씀 사이에 '왜냐하면'이라는 접속사
가 생략되었습니다. 원래대로 읽는다면 '하나님이 모든 것을 합력하여 선을 이루
게 하십니다. 왜냐하면 그 아들의 형상을 본받게 하기 위해서'입니다. 아들도 그냥
아들이 아니고 '맏아들' 예수님과 같은 반열에 세워서 영화롭게 하시려고 나를 미
리 아시고, 정하시고, 부르셨습니다.

**기도** 하나님이 미리 아시고, 정하시고, 부르시고, 의롭다 하시고, 영화롭게 하신 인생임을 알
고 주님의 형상을 닮게 해 달라고 기도합시다.

나를 잘 아시고 정하신 하나님께서 수치와 고난을 통해 주님 앞으로 부르신 것이 저를 향한 하
나님의 배려임을 깨닫게 해 주셔서 감사합니다. 죄를 깨닫고 회개하여 의롭게 되고 영화롭게
된 간증이 있게 하옵소서.

하나님 아버지, 우리가 얼마나 연약하고 마땅히 기도할 바도 알지 못하는 인생인가를 다시 한번 알았습니다. 아직도 탐심과 욕심의 기도, 낙심의 기도를 할 수밖에 없는 인생임을 고백합니다. 하나님이 무조건 선을 이루어 주실 것이라고 믿고 방관하며 내 뜻대로 살다 보니 모든 것이 합력하여 악을 이루는 인생이 되었음을 회개합니다.

그러나 성령님이 우리를 위해 말할 수 없는 탄식으로 기도해 주시니 감사합니다. 성령님의 탄식이 나의 탄식이 되게 하시니 감사합니다. 성령님이 우리의 뜻을 감찰하시고, 하나님의 뜻대로 우리를 위해서 간구하시니 감사합니다. 어렵고 힘든 상황에 있을지라도 하나님을 사랑하게 하옵소서. 우리가 그 뜻대로 부르심을 입은 자임을 확신하게 하옵소서. 그럴 때 모든 것이 합력해서 선을 이룰 것을 믿습니다. 어떤 환경에 있어도 우리는 하나님이 미리 아시고 정하신 인생인 줄 믿습니다.

이제는 하나님의 자녀로서 마땅히 기도할 바를 아는 인생이 되겠습니다. 하나님이 보시기에 마땅하고 합당한 기도를 하겠습니다. 더 이상 내 유익만 구하는 기도를 하지 않고, 하나님의 마음을 살피고, 성령의 생각을 알아서 하나님의 뜻대로 기도하겠습니다.

가난과 무력함과 질병까지도 선을 이루는 도구가 된다고 하셨으니, 나의 연약함을 인정하고 하나님의 뜻대로 살기로 결단합니다. 이제는 더욱 간절히 하나님을 사랑하며 하나님의 뜻을 구하겠습니다. 합력하여 선을 이루시는 하나님의 역사가 우리에게 임하게 하옵소서. 예수님 이름으로 기도드립니다. 아멘.

**살아내기** Keeping  기도로 살아내기

- 내 인생의 모든 것이 합력하여 선을 이루기 위해 마땅히 간구해야 할 기도문을 작성해 봅시다.

하나님 나라의 선(善)은 '나 보기에 좋은 것'이 선이 아닙니다.
우리가 성화를 이루고 영화롭게 되기 위한 모든 사건과 경험이 선입니다.
내 연약함을 인정하고 하나님의 뜻대로 살고자 하는 사람에게는
가난과 무력함과 질병까지도 선을 이루는 도구가 됩니다.

한나가 기도하여 이르되 내 마음이 여호와로 말미암아 즐거워하며

내 뿔이 여호와로 말미암아 높아졌으며

내 입이 내 원수들을 향하여 크게 열렸으니

이는 내가 주의 구원으로 말미암아 기뻐함이니이다

삼상 2:1

# 11

# 찬양 기도

사무엘상 2:1-10

# 찬양 기도

사무엘상 2:1-10

**마음 열기** Telling  마음을 열고 생각을 나누는 시간

• 간절한 기도가 이루어진 경험이 있습니까? 응답받은 후에는 또 어떤 기도를 했습니까?

**말씀 읽기** Holifying  주님을 만나는 묵상의 시간

사무엘상 2:1-10

1 한나가 기도하여 이르되 내 마음이 여호와로 말미암아 즐거워하며 내 뿔이 여호와로 말미암아 높아졌으며 내 입이 내 원수들을 향하여 크게 열렸으니 이는 내가 주의 구원으로 말미암아 기뻐함이니이다 2 여호와와 같이 거룩하신 이가 없으시니 이는 주 밖에 다른 이가 없고 우리 하나님 같은 반석도 없으심이니이다 3 심히 교만한 말을 다시 하지 말 것이며 오만한 말을 너희의 입에서 내지 말지어다 여호와는 지식의 하나님이시라 행동을 달아 보시느니라 4 용사의 활은 꺾이고 넘어진 자는 힘으로 띠를 띠도다 5 풍족하던 자들은 양식을 위하여 품을 팔고 주리던 자들은 다시 주리지 아니하도다 전에 임신하지 못하던 자는 일곱을 낳았고 많은 자녀를 둔 자는 쇠약하도다 6 여호와는 죽이기도 하시고 살리기도 하시며 스올에 내리게도 하시고 거기에서 올리기도 하시는도다 7 여호와는 가난하게도 하시고 부하게도 하시며 낮추기도 하시고 높이기도 하시는도다 8 가난한 자를 진토에서 일으키시며 빈궁한 자를 거름더미에서 올리사 귀족들과 함께 앉게 하시며 영광의 자리를 차지하게 하시는도다 땅의 기둥들은 여호와의 것이라 여호와께서 세계를

그것들 위에 세우셨도다 9 그가 그의 거룩한 자들의 발을 지키실 것이요 악인들을 흑암 중에서 잠잠하게 하시리니 힘으로는 이길 사람이 없음이로다 10 여호와를 대적하는 자는 산산이 깨어질 것이라 하늘에서 우레로 그들을 치시리로다 여호와께서 땅 끝까지 심판을 내리시고 자기 왕에게 힘을 주시며 자기의 기름 부음을 받은 자의 뿔을 높이시리로다 하니라

### **해석하기** Interpreting 구속사로 생각하기

한나는 간절히 서원 기도를 드림으로 아들 사무엘을 낳는 응답을 받았습니다. 우리의 기도를 들으시고 응답하시는 하나님을 경험한 한나는 그 감격을 이기지 못해 감사 기도를 드리며 하나님을 찬양합니다. 어떻게 찬양하고 기도했는지 구체적으로 살펴봅니다.

### 1. 오직 여호와를 즐거워하며 찬양합니다(1-2절).

1 한나가 기도하여 이르되 내 마음이 여호와로 말미암아 즐거워하며 내 뿔이 여호와로 말미암아 높아졌으며 내 입이 내 원수들을 향하여 크게 열렸으니 이는 내가 주의 구원으로 말미암아 기뻐함이니이다 2 여호와와 같이 거룩하신 이가 없으시니 이는 주 밖에 다른 이가 없고 우리 하나님 같은 반석도 없으심이니이다

한나는 서원 기도의 응답으로 사무엘을 낳았습니다. 그리고 그 은혜가 너무 커서 이제 막 젖을 뗀 사무엘을 엘리 제사장에게 맡기면서 감사 찬양의 기도를 드립니다. 그런데 그 내용을 보면 사무엘 때문에 기뻐한다는 이야기가 없습니다. 자식을 주셔서 기쁜 것이 아니라 "내 마음이 여호와로 말미암아 즐거워하며…… 내가 주의 구원으로 말미암아 기뻐함이니이다"라고 합니다. 기쁨과 찬양의 대상이 오직 주님입니다.

 기도 응답을 받아서가 아니라 응답해 주신 하나님 자체를 기쁘게 해 달라고 기도합시다.

한나처럼 자녀를 주시고, 돈을 주셔서가 아니라 오직 여호와로 말미암아, 주의 구원으로 말미암아 기뻐하며 찬양하기 원합니다. 내 비천함과 무능함을 자각함으로 고난 중에도 오직 하나님으로 인해 기뻐하게 하옵소서.

___________________________________________

___________________________________________

___________________________________________

## 2. 지식의 하나님을 찬양합니다(3-5절).

3 심히 교만한 말을 다시 하지 말 것이며 오만한 말을 너희의 입에서 내지 말지어다 여호와는 지식의 하나님이시라 행동을 달아 보시느니라 4 용사의 활은 꺾이고 넘어진 자는 힘으로 띠를 띠도다 5 풍족하던 자들은 양식을 위하여 품을 팔고 주리던 자들은 다시 주리지 아니하도다 전에 임신하지 못하던 자는 일곱을 낳았고 많은 자녀를 둔 자는 쇠약하도다

한나는 사무엘을 잉태하고 출산하는 과정을 통해 하나님이야말로 모든 것을 아시는 전능하신 분임을 깨달았습니다. 자신의 모든 행동까지 달아보시는 분임을 알게 되니 그동안 자신이 내뱉었던 교만한 말과 오만한 말을 회개합니다. 그리고 오직 여호와 앞에서만 괴로운 마음을 고백하고 기도하고 통곡한(삼상 1:10-11) 자신을 다 지켜보시고, 달아보신 지식의 하나님을 찬양합니다.

 교만하고 오만하게 말한 것을 회개합시다. 나의 모든 말과 행동을 달아보고 지켜보시는 지식의 하나님을 알게 해 달라고 기도합시다.

모든 것을 아시는 전능하신 하나님을 인정하지 않고 원망했던 교만을 회개합니다. 힘으로 띠를 둘러 주시고 다시 주리지 않도록 우리의 삶을 살피시고 달아보아 주옵소서.

## 3. 절대 주권의 하나님을 찬양합니다(6-8절).

6 여호와는 죽이기도 하시고 살리기도 하시며 스올에 내리게도 하시고 거기에서 올리기도 하시는도다 7 여호와는 가난하게도 하시고 부하게도 하시며 낮추기도 하시고 높이기도 하시는도다 8 가난한 자를 진토에서 일으키시며 빈궁한 자를 거름더미에서 올리사 귀족들과 함께 앉게 하시며 영광의 자리를 차지하게 하시는도다 땅의 기둥들은 여호와의 것이라 여호와께서 세계를 그것들 위에 세우셨도다

이 세상 모든 것이 하나님의 절대 주권 아래 있습니다. 땅의 기둥도 여호와의 것입니다. 그러므로 내가 의지할 기둥도 권력이나 학벌, 돈, 배우자, 자녀가 아닙니다. 오직 여호와 하나님만이 우리가 의지할 든든한 기둥이십니다. 또한 가난한 자를 진토에서 일으키시며 빈궁한 자를 거름더미에서 올리시는 하나님이십니다. 하나님께서 한나에게 이런 세계를 보는 지혜를 주셨기에 한나도 이처럼 절대 주권자이신 하나님을 찬양합니다.

**기도** 절대 주권자이신 하나님을 찬양하며 우리를 진토에서 일으키시며 거름더미에서 올려 주시기를 기도합시다.

죽이기도, 살리기도, 가난하게도, 부하게도 하시는 절대 주권의 하나님을 찬양합니다. 가난하거나 부하거나 각자의 자리에서 구원의 사명을 잘 감당할 수 있도록 우리를 일으키시고, 영광의 자리를 차지하게 하옵소서.

## 4. 거룩한 자의 발을 지키시는 하나님을 찬양합니다(9절).

9 그가 그의 거룩한 자들의 발을 지키실 것이요 악인들을 흑암 중에서 잠잠하게 하시리니 힘으로는 이길 사람이 없음이로다

하나님은 예배로 향하는 우리의 거룩한 발을 지켜 주십니다. 우리의 목적이 영혼 구원일 때 세상의 길로 가지 않고 영적 자녀를 낳는 길로 인도해 주십니다. 내가 세상 유혹이 있는 곳에 가지 않으려고 해서 안 간 것이 아니라 하나님이 나를 눈동자같이 지켜 주시는 것입니다.

**기도** 우리의 발이 세상의 길로 가지 않도록 지키시는 하나님을 찬양하며 거룩의 길을 잘 걸어가게 해 달라고 기도합시다.

아무것도 할 수 없는 환경 가운데서도 오직 말씀대로 믿고 살고 누리게 하신 하나님을 찬양합니다. 우리의 발이 세상의 길로 가지 않도록 지켜 주옵소서. 거룩한 발이 되어서 전도의 길, 사명의 길, 십자가의 길을 잘 걸어가게 하옵소서.

## 5. 기름 부음 받은 자를 높이시는 하나님을 찬양합니다(10절).

10 여호와를 대적하는 자는 산산이 깨어질 것이라 하늘에서 우레로 그들을 치시리로다 여호와께서 땅 끝까지 심판을 내리시고 자기 왕에게 힘을 주시며 자기의 기름 부음을 받은 자의 뿔을 높이시리로다 하니라

사울은 다윗보다 먼저 기름 부음을 받고 이스라엘의 초대 왕이 되었지만, 모든 것을 갖추고도 다윗을 시기하고 질투하면서 대적하다가 산산이 깨어졌습니다. 한나는 아직 다윗이 등장하기 전임에도 통찰력이 생겨서 하나님이 다윗을 통해 행하실 일을 찬양합니다.

**기도** 지금 내가 당한 사건을 통해 예수 그리스도를 보게 해 달라고 기도합시다.

나를 대적하고 비방하는 사건들을 통해 먼저 주님을 보기 원합니다. 한나에게 주신 통찰력을 우리에게도 더하여 주셔서 모든 사건을 구원의 관점으로 바라보게 하옵소서. 나를 대적한 사람과 사건을 더 이상 원망하지 않고, 사건 주신 하나님을 찬양하는 믿음을 더하여 주옵소서.

하나님 아버지, 오직 하나님을 즐거워하면서 하나님 자체가 상급이 되는 찬양 기도를 드려야 하는데 우리는 그저 사무엘 같은 자녀 때문에 마음이 녹습니다. 하나님 자체로 찬양하기가 너무나 어렵습니다. 이런 우리를 불쌍히 여겨 주옵소서.

이제는 한나처럼 자녀를 주시고, 돈을 주셔서가 아니라 오직 여호와로 말미암아, 주의 구원으로 말미암아 기뻐하며 찬양하는 우리가 되기를 원합니다. 먼저 내 비천함과 무능함을 자각함으로 고난 중에도 오직 하나님으로 인해 기뻐하는 믿음을 갖기 원합니다. 떼 부리는 기도를 하며 전능하신 하나님을 인정하지 않고 원망했던 교만도 회개합니다. 힘으로 띠를 둘러 주시고 다시 주리지 않도록 우리의 삶을 살펴 주시고 달아보아 주옵소서. 죽이기도, 살리기도, 가난하게도, 부하게도 하시는 절대 주권의 하나님을 찬양하오니 가난하거나 부하거나 각자의 자리에서 구원의 사명을 잘 감당할 수 있도록 우리를 일으켜 세워 주옵소서.

한나에게 주신 통찰력을 우리에게도 더하여 주셔서 모든 사건을 구원의 관점으로 바라보게 하옵소서. 나를 대적한 사람과 사건을 더 이상 원망하지 않고, 하나님께 다 맡기오니 예수 그리스도라는 렌즈로 나의 결혼, 직장, 자녀 양육의 모든 문제를 해석할 수 있는 통찰력도 허락해 주옵소서. 그래서 하나님 생각만 하면 가슴이 설레고, 하나님의 이름만 부르면 기쁨을 이기지 못하는 찬양 기도를 할 수 있도록 도와주옵소서. 인생의 목적을 영혼 구원으로 놓고, 영적 자녀를 낳기 위해 걸어갈 때 한나처럼 찬양 기도의 능력이 나타날 줄 믿습니다. 평생 하나님을 찬양하며 살아갈 수 있도록 저희의 발을 지켜 주옵소서. 예수님 이름으로 기도드립니다. 아멘.

● 내가 경험한 하나님을 찬양하는 기도문을 작성해 봅시다.

믿음의 기도는 병든 자를 구원하리니 주께서 그를 일으키시리라

혹시 죄를 범하였을지라도 사하심을 받으리라

약 5:15

# 12

# 병든 자를 일으키는 기도

야고보서 5:11-20

# 병든 자를 일으키는 기도

야고보서 5:11-20

**T** **마음 열기** Telling  마음을 열고 생각을 나누는 시간

● 아파서 외롭고 지칠 때 가장 먼저 생각나는 사람은 누구입니까?

**H** **말씀 읽기** Holifying  주님을 만나는 묵상의 시간

야고보서 5:11-20

11 보라 인내하는 자를 우리가 복되다 하나니 너희가 욥의 인내를 들었고 주께서 주신 결말을 보았거니와 주는 가장 자비하시고 긍휼히 여기시는 이시니라 12 내 형제들아 무엇보다도 맹세하지 말지니 하늘로나 땅으로나 아무 다른 것으로도 맹세하지 말고 오직 너희가 그렇다고 생각하는 것은 그렇다 하고 아니라고 생각하는 것은 아니라 하여 정죄 받음을 면하라 13 너희 중에 고난 당하는 자가 있느냐 그는 기도할 것이요 즐거워하는 자가 있느냐 그는 찬송할지니라 14 너희 중에 병든 자가 있느냐 그는 교회의 장로들을 청할 것이요 그들은 주의 이름으로 기름을 바르며 그를 위하여 기도할지니라 15 믿음의 기도는 병든 자를 구원하리니 주께서 그를 일으키시리라 혹시 죄를 범하였을지라도 사하심을 받으리라 16 그러므로 너희 죄를 서로 고백하며 병이 낫기를 위하여 서로 기도하라 의인의 간구는 역사하는 힘이 큼이니라 17 엘리야는 우리와 성정이 같은 사람이로되 그가 비가 오지 않기를 간절히 기도한즉 삼 년 육 개월 동안 땅에 비가 오지 아니하고 18 다시 기도하니 하늘이 비를 주고 땅이 열매를 맺었느니라 19 내 형제들아 너희 중에 미혹되어 진리를 떠난 자를 누가 돌아서게 하면 20 너희가 알 것은 죄인을 미혹된 길에서 돌아서게 하는 자가 그의 영혼을 사망에서 구원할 것이며 허다한 죄를 덮을 것임이라

병든 자를 일으키기 위한 중보기도는 병 낫는 것만 목적이 되어서는 안 됩니다. 오직 구원이 목적이어야 합니다. 그래서 믿음의 기도는 병든 자를 '고치리니'가 아닌 '구원하리니'가 되어야 합니다. 가시적인 치유나 회복 자체로 천국을 보여 줄 수는 없습니다. 죄를 서로 고백하는 것이 먼저이고, 병이 낫기를 위해 기도하는 것이 그 다음입니다. 병들었을 때가 자신의 죄를 볼 수 있는 가장 절호의 시기이기 때문입니다. 질병을 통해 죄를 깨닫고 고백하며 구원의 하나님을 만나는 것이야말로 온전한 치유입니다. 그렇다면 병든 지체의 중보를 위해 우리는 어떻게 기도해야 할까요?

### 1. 인내하며 기도하되 헛맹세를 해서는 안 됩니다(11-12절).

11 보라 인내하는 자를 우리가 복되다 하나니 너희가 욥의 인내를 들었고 주께서 주신 결말을 보았거니와 주는 가장 자비하시고 긍휼히 여기시는 이시니라 12 내 형제들아 무엇보다도 맹세하지 말지니 하늘로나 땅으로나 아무 다른 것으로도 맹세하지 말고 오직 너희가 그렇다고 생각하는 것은 그렇다 하고 아니라고 생각하는 것은 아니라 하여 정죄 받음을 면하라

욥처럼 복된 결말을 들으려면 오래 참고 인내해야 합니다. 가장 자비하시고 긍휼히 여기시는 주님의 능력만을 굳게 잡고 기도해야 합니다. 그런데 우리는 그 어떤 고통도 오래 참지 못합니다. 복된 결말을 얻으려고 헛맹세를 남발합니다. 하지만 야고보 사도는 무엇으로도 맹세하지 말라고 합니다. "그렇다고 생각하는 것은 그렇다 하고 아니라고 생각하는 것은 아니라 하여 정죄 받음을 면하라"고 합니다. 우리는 상대방의 비위를 맞추느라 "맞으면 맞다, 아니면 아니다"라는 말을 못 합니다. 이런 것 역시 금세 무너질 헛맹세입니다.

어떤 질병과 고난 가운데서도 인내하며 가장 자비하시고 긍휼히 여기시는 하나님만을 굳게 잡기로 맹세하오니 복된 결말을 보여 주옵소서. 모든 질병과 고난의 상처가 치유되게 하옵소서.

___________________________________________________

___________________________________________________

___________________________________________________

## 2. 죄를 서로 고백하며 기도해야 합니다(13-18절).

13 너희 중에 고난 당하는 자가 있느냐 그는 기도할 것이요 즐거워하는 자가 있느냐 그는 찬송할지니라 14 너희 중에 병든 자가 있느냐 그는 교회의 장로들을 청할 것이요 그들은 주의 이름으로 기름을 바르며 그를 위하여 기도할지니라 15 믿음의 기도는 병든 자를 구원하리니 주께서 그를 일으키시리라 혹시 죄를 범하였을지라도 사하심을 받으리라 16 그러므로 너희 죄를 서로 고백하며 병이 낫기를 위하여 서로 기도하라 의인의 간구는 역사하는 힘이 큼이니라 17 엘리야는 우리와 성정이 같은 사람이로되 그가 비가 오지 않기를 간절히 기도한즉 삼 년 육 개월 동안 땅에 비가 오지 아니하고 18 다시 기도하니 하늘이 비를 주고 땅이 열매를 맺었느니라

한나는 고난의 때에 기도하고, 즐거울 때 찬송했습니다. 사무엘이 태어나자마자 서원한 대로 그 아들을 하나님께 드리면서 "오직 하나님만이 구원의 뿔이시요, 우리를 죽이기도 하고 살리기도 하시는 분이시라"(삼상 2:1-10) 하며 오직 하나님만을 찬양했습니다. 이와 같은 찬양 기도는 병든 자도 일으킵니다. 하지만 병든 자를 위한 중보기도는 "고치리니"가 목적이 되어서는 안 됩니다. 질병을 통해 죄를 깨닫고 고백하면서 구원의 하나님을 만나는 것이 목적이 되어야 합니다. 아픈 때야말로 죄의 문제를 다루고 구원을 이루기에 가장 좋은 때이기 때문입니다.

 서로 내 죄를 고백함으로 영육이 병든 내 식구, 지체를 살려 달라고 기도합시다.

이스라엘의 구원 때문에 3년 6개월 동안 비를 허락하지 않으신 것처럼 잠시 이 땅의 재물과 명예를 가져가셔서라도 병든 나와 가족을 구원해 주옵소서. 이 질병과 고난을 통해 죄를 깨닫고 서로 고백하면서 구원의 하나님을 만나게 하옵소서. 이제 다시 기도하오니 알맞은 비를 주시고, 땅이 열매를 맺게 하옵소서.

---

---

---

### 3. 미혹되어 진리를 떠난 자가 돌아서도록 기도해야 합니다(19-20절).

19 내 형제들아 너희 중에 미혹되어 진리를 떠난 자를 누가 돌아서게 하면 20 너희가 알 것은 죄인을 미혹된 길에서 돌아서게 하는 자가 그의 영혼을 사망에서 구원할 것이며 허다한 죄를 덮을 것임이라

야고보 사도가 야고보서를 끝내면서 문안 인사도 제대로 하지 않고 마지막에 다급히 남긴 말은 "진리를 떠난 자를 돌아서게 하라"는 것입니다. 우리는 고난의 때, 질병의 때일수록 반드시 믿음의 공동체에 붙어 가야 합니다. 행여 진리의 복음을 떠나려는 지체가 있으면 꼭 붙잡아야 합니다. 서로 죄를 고백하고, 서로 위하여 함께 기도하며 진리의 복음으로 돌아오게 해야 합니다.

 세상에 미혹되어 진리를 떠난 지체들이 돌아오게 해 달라고 기도합시다.

혼자서는 진리를 떠날 수밖에 없는 연약함을 아시고 건강한 사명 공동체를 주셔서 감사합니다. 이제는 이 공동체에 잘 붙어서 서로 죄를 고백하고, 서로 위하여 함께 기도하겠습니다. 질병과

고난 때문에 진리의 복음을 떠난 자가 있다면 돌아오게 하시고, 온전히 치유해 주심으로 많은 영혼을 사망에서 구원해 주옵소서. 허다한 죄도 덮어 주옵소서.

---

 **돌아보기** Nursing  말씀으로 돌아보고 기도하기

하나님 아버지, 우리 가운데 병든 지체가 온전히 치유되기를 간절히 원합니다. 병든 자를 일으키기 위한 중보기도는 병 낫는 것이 목적이 되어서는 안 되고, 오직 구원이 목적이어야 함을 알았습니다. 어떤 질병과 고난 가운데서도 인내하며 복된 결말을 보여 주는 날이 오기를 기도하고, 서로 죄를 고백하며 병이 낫기를 위하여 서로 기도하라고 하십니다. 하지만 내 죄를 낱낱이 고하기는커녕 그저 병이 낫기만을 바란 우리입니다. 기도하면서도 3년 6개월의 기근을 두려워하니 가정마다 일터마다 아직도 진리를 떠나 있는 자가 허다합니다. 이런 우리를 불쌍히 여기시고, 용서해 주옵소서.

이제는 어떤 질병과 고난 가운데서도 인내하며 가장 자비하시고 긍휼히 여기시는 하나님만을 굳게 잡기로 맹세하오니 복된 결말을 보여 주옵소서. 병이 낫고 문제가 해결되게 해 달라고 기도하기보다 먼저 내 죄를 깨닫고 서로 고백하오니 병든 지를 일으켜 주옵소서. 엘리야가 기도했을 때 이스라엘의 구원 때문에 3년 6개월 동안 비를 허락하지 않으신 것처럼 잠시 이 땅의 재물과 명예를 가져가셔서라도 병든 나와 가족을 구원해 주옵소서.

특별히 혼자서는 진리를 떠날 수밖에 없는 연약함을 아시고 건강한 사명 공동체를 주셔서 감사합니다. 이제는 이 공동체에 잘 붙어서 서로 죄를 고백하고, 서로 위하여 함께 기도하겠습니다. 질병과 고난 때문에 진리의 복음을 떠난 자가 있다면 돌아오게 하시고, 많은 영혼을 사망에서 구원해 주옵소서. 우리의 허다한 죄도 덮어 주시고, 온전히 치유해 주옵소서. 예수님 이름으로 기도드립니다. 아멘.

## 살아내기 Keeping 기도로 살아내기

• 주변의 병든 지체를 위해 기도문을 작성해 봅시다.

__________________________________________________

__________________________________________________

__________________________________________________

__________________________________________________

__________________________________________________

__________________________________________________

__________________________________________________

__________________________________________________

__________________________________________________

이르되 하늘의 하나님 여호와 크고 두려우신 하나님이여

주를 사랑하고 주의 계명을 지키는 자에게

언약을 지키시며 긍휼을 베푸시는 주여 간구하나이다

느 1:5

# 13

# 가정을 살리는 능력의 기도

느헤미야 1:1-11

# 13 가정을 살리는 능력의 기도

느헤미야 1:1-11

**마음 열기** Telling  마음을 열고 생각을 나누는 시간

● 지금 누구의 소식이 가장 궁금합니까? 그 이유는 무엇입니까?

**말씀 읽기** Holifying  주님을 만나는 묵상의 시간

느헤미야 1:1-11

1 하가랴의 아들 느헤미야의 말이라 아닥사스다 왕 제이십년 기슬르월에 내가 수산 궁에 있는데 2 내 형제들 가운데 하나인 하나니가 두어 사람과 함께 유다에서 내게 이르렀기로 내가 그 사로잡힘을 면하고 남아 있는 유다와 예루살렘 사람들의 형편을 물은즉 3 그들이 내게 이르되 사로잡힘을 면하고 남아 있는 자들이 그 지방 거기에서 큰 환난을 당하고 능욕을 받으며 예루살렘 성은 허물어지고 성문들은 불탔다 하는지라 4 내가 이 말을 듣고 앉아서 울고 수일 동안 슬퍼하며 하늘의 하나님 앞에 금식하며 기도하여 5 이르되 하늘의 하나님 여호와 크고 두려우신 하나님이여 주를 사랑하고 주의 계명을 지키는 자에게 언약을 지키시며 긍휼을 베푸시는 주여 간구하나이다 6 이제 종이 주의 종들인 이스라엘 자손을 위하여 주야로 기도하오며 우리 이스라엘 자손이 주께 범죄한 죄들을 자복하오니 주는 귀를 기울이시며 눈을 여시사 종의 기도를 들으시옵소서 나와 내 아버지의 집이 범죄하여 7 주를 향하여 크게 악을 행하여 주께서 주의 종 모세에게 명령하신 계명과 율례와 규례를 지키지 아니하였나이다 8 옛적에 주께서 주의 종 모세에게 명령하여 이르시되 만일 너희가 범죄하면 내가 너희를 여러 나라 가운데에 흩을 것이

요 9 만일 내게로 돌아와 내 계명을 지켜 행하면 너희 쫓긴 자가 하늘 끝에 있을지라도 내가 거기서부터 그들을 모아 내 이름을 두려고 택한 곳에 돌아오게 하리라 하신 말씀을 이제 청하건대 기억하옵소서 10 이들은 주께서 일찍이 큰 권능과 강한 손으로 구속하신 주의 종들이요 주의 백성이니이다 11 주여 구하오니 귀를 기울이사 종의 기도와 주의 이름을 경외하기를 기뻐하는 종들의 기도를 들으시고 오늘 종이 형통하여 이 사람 앞에서 은혜를 입게 하옵소서 하였나니 그 때에 내가 왕의 술 관원이 되었느니라

**해석하기** Interpreting 구속사로 생각하기

바벨론이 망하고 1, 2차에 걸쳐 포로로 끌려갔던 이스라엘 백성이 귀환하지만, 바벨론에 의해 불타고 무너졌던 예루살렘 성벽은 여전히 복구되지 않았습니다. 그런데 느헤미야 한 사람의 기도를 통해 백성의 3차 포로 귀환이 이루어지고, 그의 주도로 140년 동안 무너져 있던 성벽이 52일 만에 재건됩니다. 우리 가정에도 140년이 지나도록 회복되지 않는 고난이 있을 수 있습니다. 예수님을 믿어도 해결되지 않는 제사와 미신, 우상의 문제가 있을 수 있습니다. 하지만 느헤미야와 같이 능력의 기도를 드릴 때 140년 동안 해결하지 못한 문제도 52일 만에 끊어 낼 수 있습니다. 영적인 회복을 구하는 능력의 기도는 육적으로 무너진 성전도 회복되게 합니다. 그렇다면 능력의 기도는 어떻게 드려야 할까요?

## 1. 인생의 고난을 해석하고, 그 은혜를 간증해야 합니다(1a절).

1a 하가랴의 아들 느헤미야의 말이라

'하가랴'라는 이름은 '여호와께서 어둡게 하시고, 방해하셨다'라는 뜻으로, 느헤미야의 부모 세대가 겪었던 바벨론 포로기의 어둡고 암울한 시대상이 반영되어 있습니다. 그러나 느헤미야는 그의 앞길을 막는 이런 힘든 환경 때문에 '여호와께서

위로하신다'는 그 이름 뜻대로 하나님께 위로를 받게 되었습니다. 하나님을 만나고 위로를 받았으니 이런 환경이야말로 느헤미야에게는 가장 고마운 환경입니다. 그래서 느헤미야서의 시작인 1장 1절에 "하가랴의 아들 느헤미야"라고 아버지를 자랑스럽게 소개하고 있는 것입니다.

**기도** '나의 하가랴'를 해석하고 간증함으로 사람을 살리고 가정을 살리게 해 달라고 기도합시다.

때마다 제 인생을 방해하는 제 옆의 하가랴 때문에 하나님을 찾고, 하나님의 위로를 받게 해 주시니 감사합니다. 이런 '나의 하가랴' 간증으로 힘든 사람, 힘든 가정의 위로자가 되게 하옵소서.

---

## 2. 영혼에 대해 진실한 관심을 가져야 합니다(1-4절).

1 하가랴의 아들 느헤미야의 말이라 아닥사스다 왕 제이십년 기슬르월에 내가 수산 궁에 있는데 2 내 형제들 가운데 하나인 하나니가 두어 사람과 함께 유다에서 내게 이르렀기로 내가 그 사로잡힘을 면하고 남아 있는 유다와 예루살렘 사람들의 형편을 물은즉 3 그들이 내게 이르되 사로잡힘을 면하고 남아 있는 자들이 그 지방 거기에서 큰 환난을 당하고 능욕을 받으며 예루살렘 성은 허물어지고 성문들은 불탔다 하는지라 4 내가 이 말을 듣고 앉아서 울고 수일 동안 슬퍼하며 하늘의 하나님 앞에 금식하며 기도하여

느헤미야는 모두가 부러워하는 왕궁에 살고 있었지만 늘 동족의 형편과 예루살렘의 소식을 궁금해했습니다. 그런데 때마침 유다에서 온 '하나니'라는 형제가 있어서 고국의 형편을 묻습니다. 그에게 '사로잡힘을 면한 이스라엘 백성이 큰 환난을

당하고, 예루살렘 성은 허물어지고 성문들은 불탔다'라는 소식을 듣고 수일 동안 슬퍼하며 금식 기도를 드립니다. 자기 힘으로 할 수 있는 것이 아무것도 없기에 눈물로 기도할 수밖에 없었습니다.

**기도** <u>어려운 지체의 형편에 관심을 갖고 소식을 물으며 그 한 영혼을 위해 기도합시다.</u>

다른 사람에게 관심이 없는 것을 회개합니다. 어려운 지체의 형편에 관심을 갖고 소식을 물으며, 그들을 위해 기도하며 복음의 씨를 뿌릴 수 있도록 도와주옵소서. 왕궁 같은 친정, 왕족 같은 세상 모임보다 믿음의 지체와의 만남을 더 기뻐하게 해 주옵소서.

---

---

---

## 3. 하나님을 알고 나를 알아야 합니다(5-6절).

5 이르되 하늘의 하나님 여호와 크고 두려우신 하나님이여 주를 사랑하고 주의 계명을 지키는 자에게 언약을 지키시며 긍휼을 베푸시는 주여 간구하나이다 6 이제 종이 주의 종들인 이스라엘 자손을 위하여 주야로 기도하오며 우리 이스라엘 자손이 주께 범죄한 죄들을 자복하오니 주는 귀를 기울이시며 눈을 여시사 종의 기도를 들으시옵소서 나와 내 아버지의 집이 범죄하여

느헤미야는 '하늘의 하나님 여호와 크고 두려우신 하나님'을 대상으로 기도합니다. 그리고 주야로 끈질기게 기도하되 "나와 내 아버지의 집이 범죄하여 크게 악을 행하였다" 하며 자신의 죄와 집안의 죄를 고백합니다.

하늘의 크고 두려우신 하나님, 긍휼을 베푸시는 하나님께 기도합니다. 나와 우리 집안의 안위만 생각했던 죄를 자복하고 회개합니다. 귀를 기울여 들어 주옵소서.

___________________________________________

___________________________________________

___________________________________________

## 4. 말씀을 근거로 기도해야 합니다(7-10절).

7 주를 향하여 크게 악을 행하여 주께서 주의 종 모세에게 명령하신 계명과 율례와 규례를 지키지 아니하였나이다 8 옛적에 주께서 주의 종 모세에게 명령하여 이르시되 만일 너희가 범죄하면 내가 너희를 여러 나라 가운데에 흩을 것이요 9 만일 내게로 돌아와 내 계명을 지켜 행하면 너희 쫓긴 자가 하늘 끝에 있을지라도 내가 거기서부터 그들을 모아 내 이름을 두려고 택한 곳에 돌아오게 하리라 하신 말씀을 이제 청하건대 기억하옵소서 10 이들은 주께서 일찍이 큰 권능과 강한 손으로 구속하신 주의 종들이요 주의 백성이니이다

옛적에 주께서 하신 말씀이 우리가 기도할 수 있는 근거입니다. 나와 내 아버지의 집이 범죄했어도 주께서 택하신 백성이기에 약속을 기억해 달라고 기도하면 됩니다. 내 안에 선한 것이 없기에 변하지 않으시는 주의 말씀, 주의 약속에 의지해 기도해야 합니다.

말씀을 지키지 않고 내 마음대로 살았던 악을 용서해 주옵소서. 나와 내 가족에게 해결되지 않은 죄의 문제가 있더라도 "택한 곳에 돌아오게 하리라"는 약속의 말씀을 의지해 기도하게 하옵소서.

## 5. 삶의 목적과 현재의 이유를 깨달아야 합니다(11절).

11 주여 구하오니 귀를 기울이사 종의 기도와 주의 이름을 경외하기를 기뻐하는 종들의 기도를 들으시고 오늘 종이 형통하여 이 사람 앞에서 은혜를 입게 하옵소서 하였나니 그 때에 내가 왕의 술 관원이 되었느니라

자신의 형통을 구하면서 아닥사스다 왕 앞에서 은혜를 입게 해 달라고 기도한 느헤미야는 왕의 술 관원이 되는 구체적인 응답을 받습니다. 말씀을 근거로 기도하다 보면 구체적인 응답을 받게 됩니다. 그리고 구체적인 응답을 받고 보면 내 삶의 목적과 현재의 이유를 깨닫게 됩니다. 느헤미야도 기도 응답으로 술 관원이 되었기에 그 지위가 자신을 위한 것이 아니라 동족을 위한 것임을 알았습니다.

**기도** 내 역할과 지위를 사용하시는 하나님의 목적을 깨닫게 해 달라고 기도합시다.

나의 역할과 지위를 사용하시는 하나님의 목적을 깨닫기 원합니다. 말씀에 근거해 구체적으로 기도하고, 응답받은 것으로 다른 사람을 살리는 사명을 감당하도록 도와주옵소서.

하나님 아버지, 그동안 내 인생을 방해하고 어둡게 하는 '나의 하가랴' 때문에, 힘든 나의 환경 때문에 되는 일이 없는 줄 알았습니다. 그러나 느헤미야가 '나의 하가랴'로 인해 주님을 찾고, 여호와의 위로를 받고, 하나님께 상달되는 능력의 기도를 했음을 보았습니다. 우리도 이제는 느헤미야처럼 '나의 하가랴'를 간증하며, 내가 받은 하나님의 위로를 증거하는 인생이 되기를 원합니다. 복음의 씨를 뿌려야 할 기슬르 월에 나의 안락을 좇아 왕궁에 머물지 않게 하시고, 능욕과 훼파의 소식이 있는 곳으로 찾아가게 하옵소서. 하나니 같은 믿음의 형제들과 교제하며 능욕당하는 사람들에 대해 진실한 관심을 가질 수 있는 마음도 허락해 주옵소서.

긍휼히 여김받을 자격이 없는 우리지만 말씀을 붙잡고 끈질기게 주야로 기도하오니 말씀에 의지해서 드린 기도를 기억하시고 우리를 인도해 주옵소서. 그동안 나의 하가랴를 원망하고, 지체들의 형편에 무관심했던 죄와 내 집안의 죄도 자복하오니 우리를 긍휼히 여기시고 택하신 곳으로 다시 돌아올 수 있도록 붙잡아 주옵소서. 그래서 이제는 날마다 하나님의 말씀을 묵상하며 구체적인 적용과 실천으로 구체적인 은혜를 입게 하옵소서.

말씀으로 지금의 인생이 해석되고, 삶의 목적과 현재의 이유도 깨닫게 도와주옵소서. 그리하여 나의 고난과 간증으로 다른 사람의 구원을 위해 나아가는 사명의 삶을 살게 하옵소서. 영혼 구원이 인생이 목적이 되어서 개인의 형통보다 가정과 교회와 나라의 형통을 구할 때 한 영혼이 살아나고 가정이 살아나는 줄 믿습니다. 주님의 모든 능력을 더하여 주옵소서. 예수님 이름으로 기도드립니다. 아멘.

**K 살아내기** Keeping  기도로 살아내기

• 다른 사람의 구원을 위해 내 고난의 간증이 담긴 기도문을 작성해 봅시다.

여호와께서 사람의 목소리를 들으신 이같은 날은

전에도 없었고 후에도 없었나니

이는 여호와께서 이스라엘을 위하여 싸우셨음이니라

수 10:14

**14**

# 백 퍼센트 응답받는 기도

여호수아 10:1-14

# 백 퍼센트 응답받는 기도

여호수아 10:1-14

**마음 열기** Telling  마음을 열고 생각을 나누는 시간

• 나를 속이고 죽을 때까지 안 변하더라도 끝까지 사랑하고 도와야 할 '나의 기브
온'은 누구입니까?

**말씀 읽기** Holifying  주님을 만나는 묵상의 시간

여호수아 10:1-14

1 그 때에 여호수아가 아이를 빼앗아 진멸하되 여리고와 그 왕에게 행한 것 같
이 아이와 그 왕에게 행한 것과 또 기브온 주민이 이스라엘과 화친하여 그 중
에 있다 함을 예루살렘 왕 아도니세덱이 듣고 2 크게 두려워하였으니 이는 기브
온은 왕도와 같은 큰 성임이요 아이보다 크고 그 사람들은 다 강함이라 3 예루살
렘 왕 아도니세덱이 헤브론 왕 호함과 야르뭇 왕 비람과 라기스 왕 야비아와 에
글론 왕 드빌에게 보내어 이르되 4 내게로 올라와 나를 도우라 우리가 기브온을
치자 이는 기브온이 여호수아와 이스라엘 자손과 더불어 화친하였음이니라 하
매 5 아모리 족속의 다섯 왕들 곧 예루살렘 왕과 헤브론 왕과 야르뭇 왕과 라기
스 왕과 에글론 왕이 함께 모여 자기들의 모든 군대를 거느리고 올라와 기브온
에 대진하고 싸우니라 6 기브온 사람들이 길갈 진영에 사람을 보내어 여호수아
에게 전하되 당신의 종들 돕기를 더디게 하지 마시고 속히 우리에게 올라와 우
리를 구하소서 산지에 거주하는 아모리 사람의 왕들이 다 모여 우리를 치나이
다 하매 7 여호수아가 모든 군사와 용사와 더불어 길갈에서 올라가니라 8 그 때에

여호와께서 여호수아에게 이르시되 그들을 두려워하지 말라 내가 그들을 네 손에 넘겨 주었으니 그들 중에서 한 사람도 너를 당할 자 없으리라 하신지라 9 여호수아가 길갈에서 밤새도록 올라가 갑자기 그들에게 이르니 10 여호와께서 그들을 이스라엘 앞에서 패하게 하시므로 여호수아가 그들을 기브온에서 크게 살륙하고 벧호론에 올라가는 비탈에서 추격하여 아세가와 막게다까지 이르니라 11 그들이 이스라엘 앞에서 도망하여 벧호론의 비탈에서 내려갈 때에 여호와께서 하늘에서 큰 우박 덩이를 아세가에 이르기까지 내리시매 그들이 죽었으니 이스라엘 자손의 칼에 죽은 자보다 우박에 죽은 자가 더 많았더라 12 여호와께서 아모리 사람을 이스라엘 자손에게 넘겨 주시던 날에 여호수아가 여호와께 아뢰어 이스라엘의 목전에서 이르되 태양아 너는 기브온 위에 머무르라 달아 너도 아얄론 골짜기에서 그리할지어다 하매 13 태양이 머물고 달이 멈추기를 백성이 그 대적에게 원수를 갚기까지 하였느니라 야살의 책에 태양이 중천에 머물러서 거의 종일토록 속히 내려가지 아니하였다고 기록되지 아니하였느냐 14 여호와께서 사람의 목소리를 들으신 이같은 날은 전에도 없었고 후에도 없었나니 이는 여호와께서 이스라엘을 위하여 싸우셨음이니라

**해석하기** Interpreting 구속사로 생각하기

성경을 쭉 읽다 보면 끊임없이 전쟁이 일어납니다. 우리 인생에도 전쟁이 끊임없습니다. 여호수아 역시 여리고 성, 아이 성을 점령한 뒤 기브온에게 속임을 당했지만, 그들을 용서하고 회개와 사랑의 처방을 했습니다(수 9장). 그런데 이번에는 아모리 족속의 다섯 왕이 연합하여 이스라엘과 화친한 기브온을 치러 옵니다. 그 바람에 골치 아픈 상황에 놓인 이스라엘은 역사상 가장 큰 전쟁인 아모리 족속 다섯 왕과의 싸움을 시작합니다. 하지만 여호수아는 때마다 여호와께 기도함으로 큰 승리를 거둡니다. 여호수아가 어떻게 기도했기에 백 퍼센트 응답을 받았는지 살펴봅니다.

**1. 나를 속인 기브온을 도울 수 있는 마음을 달라고 기도합니다(1-6절).**

1 그 때에 여호수아가 아이를 빼앗아 진멸하되 여리고와 그 왕에게 행한 것 같이 아이와 그 왕에게 행한 것과 또 기브온 주민이 이스라엘과 화친하여 그 중에 있다 함을 예루살렘 왕 아도니세덱이 듣고 2 크게 두려워하였으니 이는 기브온은 왕도와 같은 큰 성임이요 아이보다 크고 그 사람들은 다 강함이라 3 예루살렘 왕 아도니세덱이 헤브론 왕 호함과 야르뭇 왕 비람과 라기스 왕 야비아와 에글론 왕 드빌에게 보내어 이르되 4 내게로 올라와 나를 도우라 우리가 기브온을 치자 이는 기브온이 여호수아와 이스라엘 자손과 더불어 화친하였음이니라 하매 5 아모리 족속의 다섯 왕들 곧 예루살렘 왕과 헤브론 왕과 야르뭇 왕과 라기스 왕과 에글론 왕이 함께 모여 자기들의 모든 군대를 거느리고 올라와 기브온에 대진하고 싸우니라 6 기브온 사람들이 길갈 진영에 사람을 보내어 여호수아에게 전하되 당신의 종들 돕기를 더디게 하지 마시고 속히 우리에게 올라와 우리를 구하소서 산지에 거주하는 아모리 사람의 왕들이 다 모여 우리를 치나이다 하매

아모리 족속의 다섯 왕이 연합하여 이스라엘과 화친한 기브온을 치러 옵니다. 다급해진 기브온은 여호수아에게 도움을 청합니다. 여호수아로서는 나를 속인 기브온을 간신히 용서하고 받아들였는데 더 골치 아픈 일이 생긴 것입니다. 그래서 이 전쟁은 아주 어려운 전쟁입니다. 변하지 않는 기브온을 끝까지 사랑하고 도우며 그를 위해 믿음으로 싸워야 하기 때문입니다.

**기도** 나를 속인 자도 용서하고 도울 수 있는 마음을 갖게 해 달라고 기도합시다.

나를 속인 사람을 용서하기 원합니다. 그러나 용서해도 그 사람과 환경이 변하지 않을 수 있음을 인정하고, 외면하고 싶은 기브온 같은 사람을 끝까지 도우며 구원의 길로 잘 인도하게 하옵소서.

## 2. 약속의 말씀을 주신 '나의 길갈'을 기억하며 기도합니다(6-11절).

6 기브온 사람들이 길갈 진영에 사람을 보내어 여호수아에게 전하되 당신의 종들 돕기를 더디게 하지 마시고 속히 우리에게 올라와 우리를 구하소서 산지에 거주하는 아모리 사람의 왕들이 다 모여 우리를 치나이다 하매 7 여호수아가 모든 군사와 용사와 더불어 길갈에서 올라가니라 8 그 때에 여호와께서 여호수아에게 이르시되 그들을 두려워하지 말라 내가 그들을 네 손에 넘겨 주었으니 그들 중에서 한 사람도 너를 당할 자 없으리라 하신지라 9 여호수아가 길갈에서 밤새도록 올라가 갑자기 그들에게 이르니 10 여호와께서 그들을 이스라엘 앞에서 패하게 하시므로 여호수아가 그들을 기 브온에서 크게 살륙하고 벧호론에 올라가는 비탈에서 추격하여 아세가와 막게다까지 이르니라 11 그들이 이스라엘 앞에서 도망하여 벧호론의 비탈에서 내려갈 때에 여호와께서 하늘에서 큰 우박 덩이를 아세가에 이르기까지 내리시매 그들이 죽었으니 이스라엘 자손의 칼에 죽은 자보다 우박에 죽은 자가 더 많았더라

기브온 사람들은 '길갈'에서 여호수아에게 도움을 요청하고, 여호수아는 '길갈'에서 작전을 개시합니다. 또 하나님은 '길갈'에서 약속의 말씀을 주십니다. 여호수아서 4장을 보면, 하나님의 은혜로 요단강을 마른 땅으로 건넌 이스라엘 백성이 열두 돌을 취해 길갈에 기념비를 세웁니다. 그러니까 길갈은 백성의 수치가 물러간 곳, 죽음이 물러간 곳, 부활의 장소, 약속의 말씀이 있는 곳입니다. 우리도 전쟁에서 승리하려면 나의 길갈, 말씀이 있는 길갈로 돌아가야 합니다. 내 주제를 알게 하는, 내가 죄인임을 깨닫게 하는 길갈 본진과 계속 통신을 주고받지 않으면 우리는 하루도 전쟁을 치를 수 없습니다. 바로 주일예배와 목장예배가 우리의 길갈입니다. 예배에서 약속의 말씀을 받고 기억함으로 내 힘으로 할 수 없는 용서와 사랑을 할 수 있게 됩니다.

 <u>나의 길갈에서 주셨던 약속의 말씀을 기억하며 기도합시다.</u>

주님, 제 힘으로 건널 수 없었던 요단을 건넌 후에 옛 사람을 못 박은 길갈의 교훈을 잊지 않기를 원합니다. 때마다 기억하며 말씀의 길갈로 돌아가게 하옵소서.

_______________________________________________

_______________________________________________

_______________________________________________

## 3. 원수의 실체를 알고 '나를 위한' 기도보다 '너를 위한' 기도를 해야 합니다(12-14절).

12 여호와께서 아모리 사람을 이스라엘 자손에게 넘겨 주시던 날에 여호수아가 여호와께 아뢰어 이스라엘의 목전에서 이르되 태양아 너는 기브온 위에 머무르라 달아 너도 아얄론 골짜기에서 그리할지어다 하매 13 태양이 머물고 달이 멈추기를 백성이 그 대적에게 원수를 갚기까지 하였느니라 야살의 책에 태양이 중천에 머물러서 거의 종일토록 속히 내려가지 아니하였다고 기록되지 아니하였느냐 14 여호와께서 사람의 목소리를 들으신 이같은 날은 전에도 없었고 후에도 없었나니 이는 여호와께서 이스라엘을 위하여 싸우셨음이니라

아모리 족속을 치던 날 여호수아는 "태양이 머무르게 해 주세요! 달이 머무르게 해 주세요!"라며 절박하게 기도합니다. 여리고나 아이 성과 싸울 때는 이렇게까지 기도하지 않았던 여호수아입니다. 하지만 여호수아는 '나를 위한' 기도보다 '너를 위한' 기도를 더 절박하게 합니다. '사랑스러운 너, 불쌍한 너'가 아니라 '나를 속인 너, 용서할 수 없는 너'를 위해 태양이 머물고, 달이 머물러서 도와주기를 기도합니다.

속고 속이는 사건 속에서 먼저 처리해야 할 원수가 내 속의 욕심, 분노, 시기임을 깨달았습니다. 이제는 나를 위한 기도보다 나의 구원을 위해 수고한 '나의 기브온'을 위해 더욱 간절히 기도하게 하옵소서.

**돌아보기** Nursing 말씀으로 돌아보고 기도하기

하나님 아버지, 100% 응답받는 기도는 내가 용서할 수 없는 그 한 사람, 나를 속인 식구들에게 축복을 베풀어 달라고 간구하는 기도라고 하십니다. 나를 속인 사람을 돕는 게 너무 힘들지만, 나를 살려 주신 말씀의 길갈을 기억하고 드리는 기도라고 하십니다. 그러므로 이제는 나의 기브온이 돌아오지 않는다고 할지라도, 그들이 변하지 않는다고 할지라도 내가 끝까지 같이 가야 하는 것을 인정하고, 그들을 위해 기도하는 우리가 되기를 원합니다.

그러나 아무리 나를 속인 자를 돕고 사랑하려고 해도 하루도 못 가서 생색이 나는 우리입니다. '나를 속인 자인데 왜 나의 시간과 돈을 들여야 하는가' 생각하면 억울해 살 수가 없습니다. 내 힘으로는 도무지 말씀을 적용할 수 없사오니, 우리를 불쌍히 여기시고 하나님이 힘을 더하여 주시옵소서.

여전히 기브온 같은 가족과 지체를 보면 절망하게 됩니다. 그러나 그럴 때마다 약속의 말씀을 주신 길갈을 기억하기 원합니다. 누구보다 죄인인 나를 살려 주신 하나님의 은혜를 기억하기 원합니다. 날마다 예배하며, 말씀을 묵상하며 살아나기를 원합니다.

　　모든 사건 가운데 가장 큰 원수는 내 속의 욕심과 이기심과 탐심임을 알았습니다. 이런 나의 대적에게 원수를 갚기 위해 우리가 먼저 십자가에서 죽어지기를 원합니다. 나는 죽고 예수 그리스도만 살아서 용서할 수 없는 사람을 용서하고 사랑하기를 원합니다. 나를 위한 기도보다 다른 이들을 위해 더욱 간절히 기도할 때 태양도 달도 멈추는 역사를 허락해 주옵소서. 100% 응답받는 축복을 누리게 하옵소서. 예수님 이름으로 기도드립니다. 아멘.

### 살아내기 Keeping 기도로 살아내기

• 나를 속인 사람을 용서하는 마음을 담아 기도문을 작성해 봅시다.

여호수아는 '나를 위한' 기도보다
'너를 위한' 기도를 더 절박하게 합니다.
'사랑스러운 너, 불쌍한 너'가 아니라
'나를 속인 너, 용서할 수 없는 너'를 위해
태양이 머물고, 달이 머물러서 도와주기를 기도합니다.

여호와께서 뜻을 돌이키사 말씀하신 화를

그 백성에게 내리지 아니하시니라

출 32:14

# 15

# 하나님의 뜻을 돌이키는 중보기도

출애굽기 32:11-19, 30-35, 33:7-19

# 하나님의 뜻을 돌이키는 중보기도

출애굽기 32:11-19, 30-35, 33:7-19

**T** **마음 열기** Telling  마음을 열고 생각을 나누는 시간

- 누군가의 구원을 위해 내가 소중히 여기는 것을 포기한 경험이 있습니까?

**H** **말씀 읽기** Holifying  주님을 만나는 묵상의 시간

출애굽기 32:11-19, 30-35, 33:7-19

32:11 모세가 그의 하나님 여호와께 구하여 이르되 여호와여 어찌하여 그 큰 권능과 강한 손으로 애굽 땅에서 인도하여 내신 주의 백성에게 진노하시나이까 12 어찌하여 애굽 사람들이 이르기를 여호와가 자기의 백성을 산에서 죽이고 지면에서 진멸하려는 악한 의도로 인도해 내었다고 말하게 하시려 하나이까 주의 맹렬한 노를 그치시고 뜻을 돌이키사 주의 백성에게 이 화를 내리지 마옵소서 13 주의 종 아브라함과 이삭과 이스라엘을 기억하소서 주께서 그들을 위하여 주를 가리켜 맹세하여 이르시기를 내가 너희의 자손을 하늘의 별처럼 많게 하고 내가 허락한 이 온 땅을 너희의 자손에게 주어 영원한 기업이 되게 하리라 하셨나이다 14 여호와께서 뜻을 돌이키사 말씀하신 화를 그 백성에게 내리지 아니하시니라 15 모세가 돌이켜 산에서 내려오는데 두 증거판이 그의 손에 있고 그 판의 양면 이쪽 저쪽에 글자가 있으니 16 그 판은 하나님이 만드신 것이요 글자는 하나님이 쓰셔서 판에 새기신 것이더라 17 여호수아가 백성들의 요란한 소리를 듣고 모세에게 말하되 진중에서 싸우는 소리가 나나이다 18 모세가 이르되 이는 승전가도 아니요 패하여 부르짖는 소리도 아니라 내가 듣기에는 노래하는 소리로다 하고 19 진에 가까

이 이르러 그 송아지와 그 춤 추는 것들을 보고 크게 노하여 손에서 그 판들을 산 아래로 던져 깨뜨리니라 …… 30 이튿날 모세가 백성에게 이르되 너희가 큰 죄를 범하였도다 내가 이제 여호와께로 올라가노니 혹 너희를 위하여 속죄가 될까 하노라 하고 31 모세가 여호와께로 다시 나아가 여짜오되 슬프도소이다 이 백성이 자기들을 위하여 금 신을 만들었사오니 큰 죄를 범하였나이다 32 그러나 이제 그들의 죄를 사하시옵소서 그렇지 아니하시오면 원하건대 주께서 기록하신 책에서 내 이름을 지워 버려 주옵소서 33 여호와께서 모세에게 이르시되 누구든지 내게 범죄하면 내가 내 책에서 그를 지워 버리리라 34 이제 가서 내가 네게 말한 곳으로 백성을 인도하라 내 사자가 네 앞서 가리라 그러나 내가 보응할 날에는 그들의 죄를 보응하리라 35 여호와께서 백성을 치시니 이는 그들이 아론이 만든 바 그 송아지를 만들었음이더라

33:7 모세가 항상 장막을 취하여 진 밖에 쳐서 진과 멀리 떠나게 하고 회막이라 이름하니 여호와를 앙모하는 자는 다 진 바깥 회막으로 나아가며 8 모세가 회막으로 나아갈 때에는 백성이 다 일어나 자기 장막 문에 서서 모세가 회막에 들어가기까지 바라보며 9 모세가 회막에 들어갈 때에 구름 기둥이 내려 회막 문에 서며 여호와께서 모세와 말씀하시니 10 모든 백성이 회막 문에 구름 기둥이 서 있는 것을 보고 다 일어나 각기 장막 문에 서서 예배하며 11 사람이 자기의 친구와 이야기함 같이 여호와께서는 모세와 대면하여 말씀하시며 모세는 진으로 돌아오나 눈의 아들 젊은 수종자 여호수아는 회막을 떠나지 아니하니라 12 모세가 여호와께 아뢰되 보시옵소서 주께서 내게 이 백성을 인도하여 올라가라 하시면서 나와 함께 보낼 자를 내게 지시하지 아니하시나이다 주께서 전에 말씀하시기를 나는 이름으로도 너를 알고 너도 내 앞에 은총을 입었다 하셨사온즉 13 내가 참으로 주의 목전에 은총을 입었사오면 원하건대 주의 길을 내게 보이사 내게 주를 알리시고 나로 주의 목전에 은총을 입게 하시며 이 족속을 주의 백성으로 여기소서 14 여호와께서 이르시되 내가 친히 가리라 내가 너를 쉬게 하리라 15 모세가 여호와께 아뢰되

주께서 친히 가지 아니하시려거든 우리를 이 곳에서 올려 보내지 마옵소서 16 나와 주의 백성이 주의 목전에 은총 입은 줄을 무엇으로 알리이까 주께서 우리와 함께 행하심으로 나와 주의 백성을 천하 만민 중에 구별하심이 아니니이까 17 여호와께서 모세에게 이르시되 네가 말하는 이 일도 내가 하리니 너는 내 목전에 은총을 입었고 내가 이름으로도 너를 앎이니라 18 모세가 이르되 원하건대 주의 영광을 내게 보이소서 19 여호와께서 이르시되 내가 내 모든 선한 것을 네 앞으로 지나가게 하고 여호와의 이름을 네 앞에 선포하리라 나는 은혜 베풀 자에게 은혜를 베풀고 긍휼히 여길 자에게 긍휼을 베푸느니라

### 해석하기 Interpreting 구속사로 생각하기

출애굽기 32장은 "모세가 산에서 내려옴이 더딤을 보고" 아론과 백성들은 금 고리를 모아서 금송아지를 만드는 장면으로 시작됩니다. 이스라엘 백성은 금송아지 앞에서 번제와 화목제를 드리고, 앉아서 먹고 마시며 일어나서 뜁니다. 이에 진노하신 하나님은 그들을 진멸하고자 하시지만 모세의 중보기도로 뜻을 돌이키십니다. 내 가족과 지체들의 구원을 위해 '하나님의 뜻을 돌이키는' 중보기도를 하려면 어떻게 해야 하는지 배워 봅니다.

### 1. 아까운 돌판을 깨뜨려야 합니다(32장 11-19절).

11 모세가 그의 하나님 여호와께 구하여 이르되 여호와여 어찌하여 그 큰 권능과 강한 손으로 애굽 땅에서 인도하여 내신 주의 백성에게 진노하시나이까 12 어찌하여 애굽 사람들이 이르기를 여호와가 자기의 백성을 산에서 죽이고 지면에서 진멸하려는 악한 의도로 인도해 내었다고 말하게 하시려 하나이까 주의 맹렬한 노를 그치시고 뜻을 돌이키사 주의 백성에게 이 화를 내리지 마옵소서 13 주의 종 아브라함과 이삭과 이스라엘을 기억하소서 주께서 그들을 위하여 주를 가리켜 맹세하여 이르시기를 내가 너희의 자손을 하늘의 별처럼 많게 하고 내가 허락한 이 온 땅을 너희의 자손에게 주어 영원한 기업이 되게 하리라 하

셨나이다 14 여호와께서 뜻을 돌이키사 말씀하신 화를 그 백성에게 내리지 아니하시니라 15 모세가 돌이켜 산에서 내려오는데 두 증거판이 그의 손에 있고 그 판의 양면 이쪽 저쪽에 글자가 있으니 16 그 판은 하나님이 만드신 것이요 글자는 하나님이 쓰셔서 판에 새기신 것이더라 17 여호수아가 백성들의 요란한 소리를 듣고 모세에게 말하되 진중에서 싸우는 소리가 나나이다 18 모세가 이르되 이는 승전가도 아니요 패하여 부르짖는 소리도 아니라 내가 듣기에는 노래하는 소리로다 하고 19 진에 가까이 이르러 그 송아지와 그 춤 추는 것들을 보고 크게 노하여 손에서 그 판들을 산 아래로 던져 깨뜨리니라

이스라엘 백성이 금송아지 우상을 섬기자 진노하신 하나님은 그들을 진멸하고자 하십니다. 그러나 간절한 모세의 중보기도로 그 뜻을 돌이키십니다. 그런데 모세는 하나님의 기도 응답에 기뻐하기보다 금송아지 우상을 섬긴 백성에게 의로운 화를 내며 십계명이 새겨진 돌판을 깨뜨립니다. 우리도 문제 많은 내 가족과 이웃의 구원을 위해 하나님의 뜻을 돌이키려면 내가 가장 귀하게 여기는 것을 산 아래로 던져 깨뜨려야 합니다.



세상 성공과 외모와 학벌 우상에 매여 있는 식구들을 불쌍히 여겨 주옵소서. 나의 세상 가치관으로 배우자를 다그치고 자녀를 남들과 비교하며 키운 죄를 회개합니다. 사랑하는 식구들의 구원을 위해 내가 가장 아끼는 돌판을 깨뜨릴 수 있도록 도와주옵소서.

## 2. 내 생명을 내어놓는 사랑이 전제되어야 합니다(32장 30-35절).

30 이튿날 모세가 백성에게 이르되 너희가 큰 죄를 범하였도다 내가 이제 여호와께로 올라가노니 혹 너희를 위하여 속죄가 될까 하노라 하고 31 모세가 여호와께로 다시 나아가 여짜오되 슬프도소이다 이 백성이 자기들을 위하여 금 신을 만들었사오니 큰 죄를 범하였나이다 32 그러나 이제 그들의 죄를 사하시옵소서 그렇지 아니하시오면 원하건대 주께서 기록하신 책에서 내 이름을 지워 버려 주옵소서 33 여호와께서 모세에게 이르시되 누구든지 내게 범죄하면 내가 내 책에서 그를 지워 버리리라 34 이제 가서 내가 네게 말한 곳으로 백성을 인도하라 내 사자가 네 앞서 가리라 그러나 내가 보응할 날에는 그들의 죄를 보응하리라 35 여호와께서 백성을 치시니 이는 그들이 아론이 만든 바 그 송아지를 만들었음이더라

하나님께서는 이미 뜻을 돌이키셨지만(14절) 모세는 다시 진정한 용서를 구합니다. 모세는 회개하고 기도하는데 백성이 따라오지 못하니까 다시 여호와께로 나아간 것입니다. 바로 직전에는 레위 자손들에게 형제와 친구와 이웃을 죽이라고 했던 모세였습니다(출 32:27). 그런데 이제는 그들을 위해 생명책에서 자기 이름을 지워 달라고 합니다. "나는 죽어도 좋으니 이 백성을 구원해 달라"는 것입니다.

**기도** 죄 중에 있는 한 영혼의 구원을 위해 내 생명을 내어놓고 기도합시다.

학벌과 명예와 외모의 금송아지를 짓느라 여념 없는 지체를 불쌍히 여겨 주시고 이제 그 죄를 사하여 주옵소서. 모세가 생명을 걸고 백성을 위해 기도한 것처럼 우리도 영혼 구원을 위해 목숨 걸고 이 사명의 길을 걸어갈 수 있도록 인도해 주시옵소서.

## 3. 예배가 최우선이 되도록 기도해야 합니다(33장 7-11절).

7 모세가 항상 장막을 취하여 진 밖에 쳐서 진과 멀리 떠나게 하고 회막이라 이름하니 여호와를 앙모하는 자는 다 진 바깥 회막으로 나아가며 8 모세가 회막으로 나아갈 때에는 백성이 다 일어나 자기 장막 문에 서서 모세가 회막에 들어가기까지 바라보며 9 모세가 회막에 들어갈 때에 구름 기둥이 내려 회막 문에 서며 여호와께서 모세와 말씀하시니 10 모든 백성이 회막 문에 구름 기둥이 서 있는 것을 보고 다 일어나 각기 장막 문에 서서 예배하며 11 사람이 자기의 친구와 이야기함 같이 여호와께서는 모세와 대면하여 말씀하시며 모세는 진으로 돌아오나 눈의 아들 젊은 수종자 여호수아는 회막을 떠나지 아니하니라

하나님은 모세에게 다시 올라갈 사명지를 보여 주시고, 백성에게 장신구를 떼어 내라고 명령하십니다(출 33:1-6). 그런데 7절에서 11절까지를 보면 '회막'이 여덟 번이나 나옵니다. 그리고 모세는 회막에 있지만, 백성은 아직 두려워 자기 장막 문에서 있습니다. 우리가 하나님 전으로 나아가는 것이 이렇게 어렵습니다.

**기도** 내게 맡기신 가족과 지체들의 구원을 위해 내가 먼저 세상 가치관과 장신구를 떼어 내고, 하나님 앞으로 나아가기를 기도합시다.

다시 올라가 예배할 약속의 땅을 사명지로 주심에 감사합니다. 제게 맡기신 가족과 지체들의 구원을 위해 제가 먼저 세상 가치관과 장신구 같은 허세를 떼어 내기로 결단합니다. 장막 문에서 회막을 바라만 보는 백성처럼 두려워하지 않고 하나님 앞으로 나아갈 수 있도록 우리를 붙잡아 주옵소서. 예배와 큐티를 통해 날마다 두려움 없이 주님과 더욱더 친밀한 교제를 하게 하옵소서.

**4. 주의 길을 보이시고 주의 백성으로 여겨 달라고 기도해야 합니다(33장 12-13절).**

12 모세가 여호와께 아뢰되 보시옵소서 주께서 내게 이 백성을 인도하여 올라가라 하시면서 나와 함께 보낼 자를 내게 지시하지 아니하시나이다 주께서 전에 말씀하시기를 나는 이름으로도 너를 알고 너도 내 앞에 은총을 입었다 하셨사온즉 13 내가 참으로 주의 목전에 은총을 입었사오면 원하건대 주의 길을 내게 보이사 내게 주를 알리시고 나로 주의 목전에 은총을 입게 하시며 이 족속을 주의 백성으로 여기소서

모세는 "내가 주의 은총을 입었다면 주의 길을 보여 달라"고 기도합니다. 교만해서는 이런 기도를 절대 할 수 없습니다. 주의 길을 보려면 겸손이 기본입니다. 하나님은 겸손한 자를 쓰십니다. 그런데 우리는 기회만 되면 나의 길을 가려고 합니다. 선택의 여지가 많으면 더욱 그렇습니다. 내가 아무것도 할 수 없어야 주의 길을 가는 것이지 자발적으로 하나님의 길을 가는 사람은 아무도 없습니다.

**기도** 연약한 나의 식구들도 주의 백성으로 여겨 달라고 기도합시다. 나의 길이 아닌 주의 길을 보여 달라고 기도합시다.

내가 가고 싶은 욕심의 길이 아니라 부족한 현재의 환경에 순종함으로 하나님이 보여 주시는 주의 길을 가게 하옵소서. 부도나고 병약하고 자녀가 가출했을지라도 부족한 내 식구들을 버리지 마옵시고 주의 백성으로 여겨 주옵소서.

## 5. 주님이 친히 동행해 주시기를 기도해야 합니다(33장 14-17절).

14 여호와께서 이르시되 내가 친히 가리라 내가 너를 쉬게 하리라 15 모세가 여호와께 아뢰되 주께서 친히 가지 아니하시려거든 우리를 이 곳에서 올려 보내지 마옵소서 16 나와 주의 백성이 주의 목전에 은총 입은 줄을 무엇으로 알리이까 주께서 우리와 함께 행하심으로 나와 주의 백성을 천하 만민 중에 구별하심이 아니니이까 17 여호와께서 모세에게 이르시되 네가 말하는 이 일도 내가 하리니 너는 내 목전에 은총을 입었고 내가 이름으로도 너를 앎이니라

모세의 중보기도에 하나님은 "내가 친히 가리라, 내가 너를 쉬게 하리라" 응답해 주십니다. 이처럼 하나님이 주신 평강이 없으면 환경이 편해도 회개하지 못한 내 죄, 사함받지 못한 내 죄 때문에 늘 불편할 수밖에 없습니다.

**기도** 하나님이 함께 행하심으로 평강을 누리게 해 달라고 기도합시다.

주님이 친히 동행해 주시고 쉼을 주시니 감사합니다. 이제는 체면과 욕심을 내려놓고 날마다 말씀에 순종하며 주의 길을 가기로 결단하오니 진정한 쉼을 누리게 하옵소서.

## 6. 주의 영광, 선한 형상을 보여 달라고 기도해야 합니다(33장 18-19절).

18 모세가 이르되 원하건대 주의 영광을 내게 보이소서 19 여호와께서 이르시되 내가 내 모든 선한 것을 네 앞으로 지나가게 하고 여호와의 이름을 네 앞에 선포하리라 나는 은혜 베풀 자에게 은혜를 베풀고 긍휼히 여길 자에게 긍휼을 베푸느니라

모세는 "주의 영광을 보이소서"라고 기도합니다. 주의 영광은 높은 자리, 좋은 자리에 앉았다고 볼 수 있는 게 아닙니다. 내게 맡겨진 자리에서 자기 역할을 다할 때, 주의 영광을 볼 수 있고 다른 사람들에게도 그 영광을 나타낼 수 있습니다.

**기도** <u>하나님의 영광을 보이는 인생이 되게 해 달라고 기도합시다.</u>

세상과 구별된 가치관으로 내 무거운 짐이 예수님의 멍에가 되어 십자가를 기쁘게 질 수 있게 하옵소서. 내게 허락하신 자리에서 맡은 역할을 성실히 감당함으로 어떤 일을 하든지 하나님의 영광을 보이는 인생을 살게 하옵소서.

하나님 아버지, 하나님의 뜻을 돌이키는 중보기도를 하려면 먼저 내 아까운 돌판을 던져 깨뜨려야 한다고 하십니다. 내 생명을 내어놓고, 예배가 최우선이 되도록 기도하라고 하십니다. 그런데 세상 성공과 외모와 학벌을 돌판으로 여기고 너무나 아까워서 던져 깨뜨리지 못하는 것이 저마다 있습니다. 교회에 다녀도 여전히 세상 장신구를 걸치고 허세를 부립니다. 아직도 금송아지 우상을 숭배하고 있기에 하나님의 진노가 두려워 하나님 앞으로 나아가지 못합니다. 날마다 장막 문 앞에 서서 회막만 바라보는 우리를 불쌍히 여겨 주옵소서.

가족과 지체들의 구원을 위해 내가 먼저 세상 가치관과 장신구를 떼어 내고, 하나님 앞으로 나아가기를 기도합니다. 모세가 범죄한 이스라엘 백성을 주의 길로 돌이키기 위해 생명 걸고 기도한 것처럼, 우리도 맡기신 영혼의 구원을 위해 목숨 걸고 기도하며 이 사명의 길을 갈 수 있도록 도와주옵소서. 이제 그 모든 죄를 사하여 주옵소서. 원하건대 저의 생명을 대신해서라도 맡기신 그 한 영혼을 구원해 주옵소서. 예배와 큐티를 통해 날마다 두려움 없이 주님과 더욱더 친밀한 교제를 하게 하옵소서.

체면과 욕심을 내려놓고 날마다 말씀에 복종하며 하나님이 보여 주시는 주의 길을 가기로 결단하오니 여호와께서 뜻을 돌이켜 주옵소서. 말씀하신 화를 우리에게 내리지 마옵시고 친히 동행해 주옵소서. 주의 백성으로 여겨 주시고, 주의 길을 보여 주시고, 주의 목전에 은총도 덧입혀 주옵소서. 인생의 목적이 성막 짓는 것이 되어서 주의 영광을 보게 하옵소서. 우리 모두가 장차 나타날 영광을 바라보며 어떤 일에도 요동하지 않고, 현재의 고난을 해석할 수 있도록 은혜 내려 주옵소서. 예수님 이름으로 기도드립니다. 아멘.

 **살아내기** Keeping  기도로 살아내기

- 우상에 빠진 남편, 아내, 자녀의 구원을 위해 깨뜨려야 할 나의 아까운 돌판을 생
  각하며 기도문을 작성해 봅시다.

모세는 하나님의 기도 응답에 기뻐하기보다 금송아지 우상을 섬긴 백성에게
의로운 화를 내며 십계명이 새겨진 돌판을 깨뜨립니다.
우리도 문제 많은 내 가족과 이웃의 구원을 위해 하나님의 뜻을 돌이키려면
내가 가장 귀하게 여기는 것을 산 아래로 던져 깨뜨려야 합니다.

우리 하나님 여호와여 원하건대

이제 우리를 그의 손에서 구원하옵소서

왕하 19:19

# 16

# 우리의 구원을 바라는 기도

열왕기하 19:1-19

# 우리의 구원을 바라는 기도

열왕기하 19:1-19

**T** **마음 열기** Telling  마음을 열고 생각을 나누는 시간

● 구원을 바라며 간절히 기도해 본 적이 있습니까?

**H** **말씀 읽기** Holifying  주님을 만나는 묵상의 시간

열왕기하 19:1-19

1 히스기야 왕이 듣고 그 옷을 찢고 굵은 베를 두르고 여호와의 전에 들어가서 2 왕궁의 책임자인 엘리야김과 서기관 셉나와 제사장 중 장로들에게 굵은 베를 둘려서 아모스의 아들 선지자 이사야에게로 보내매 3 그들이 이사야에게 이르되 히스기야의 말씀이 오늘은 환난과 징벌과 모욕의 날이라 아이를 낳을 때가 되었으나 해산할 힘이 없도다 4 랍사게가 그의 주 앗수르 왕의 보냄을 받고 와서 살아 계신 하나님을 비방하였으니 당신의 하나님 여호와께서 혹시 그의 말을 들으셨을지라 당신의 하나님 여호와께서 그 들으신 말 때문에 꾸짖으실 듯하니 당신은 이 남아 있는 자들을 위하여 기도하소서 하더이다 하니라 5 이와 같이 히스기야 왕의 신복이 이사야에게 나아가니 6 이사야가 그들에게 이르되 너희는 너희 주에게 이렇게 말하라 여호와의 말씀이 너는 앗수르 왕의 신복에게 들은 바 나를 모욕하는 말 때문에 두려워하지 말라 7 내가 한 영을 그의 속에 두어 그로 소문을 듣고 그의 본국으로 돌아가게 하고 또 그의 본국에서 그에게 칼에 죽게 하리라 하셨느니라 하더라 8 랍사게가 돌아가다가 앗수르 왕이 이미 라기스에서 떠났다 함을 듣고 립나로 가서 앗수르 왕을 만났으니 왕이 거기서 립나와 싸우는 중이더라 9 앗수르 왕은 구

스 왕 디르하가가 당신과 싸우고자 나왔다 함을 듣고 다시 히스기야에게 사자를 보내며 이르되 10 너희는 유다의 왕 히스기야에게 이같이 말하여 이르기를 네가 믿는 네 하나님이 예루살렘을 앗수르 왕의 손에 넘기지 아니하겠다 하는 말에 속지 말라 11 앗수르의 여러 왕이 여러 나라에 행한 바 진멸한 일을 네가 들었나니 네가 어찌 구원을 얻겠느냐 12 내 조상들이 멸하신 여러 민족 곧 고산과 하란과 레셉과 들라살에 있는 에덴 족속을 그 나라들의 신들이 건졌느냐 13 하맛 왕과 아르밧 왕과 스발와임 성의 왕과 헤나와 아와의 왕들이 다 어디 있느냐 하라 하니라 14 히스기야가 사자의 손에서 편지를 받아보고 여호와의 성전에 올라가서 히스기야가 그 편지를 여호와 앞에 펴 놓고 15 그 앞에서 히스기야가 기도하여 이르되 그룹들 위에 계신 이스라엘의 하나님 여호와여 주는 천하 만국에 홀로 하나님이시라 주께서 천지를 만드셨나이다 16 여호와여 귀를 기울여 들으소서 여호와여 눈을 떠서 보시옵소서 산헤립이 살아 계신 하나님을 비방하러 보낸 말을 들으시옵소서 17 여호와여 앗수르 여러 왕이 과연 여러 민족과 그들의 땅을 황폐하게 하고 18 또 그들의 신들을 불에 던졌사오니 이는 그들이 신이 아니요 사람의 손으로 만든 것 곧 나무와 돌 뿐이므로 멸하였나이다 19 우리 하나님 여호와여 원하건대 이제 우리를 그의 손에서 구원하옵소서 그리하시면 천하 만국이 주 여호와가 홀로 하나님이신 줄 알리이다 하니라

**해석하기** Interpreting 구속사로 생각하기

히스기야는 유다 역사상 가장 과감한 종교개혁을 단행했습니다. 국내적으로는 산당을 철폐했고, 국제적으로는 앗수르로부터 독립선언을 했습니다. 그야말로 목숨을 걸고 개혁했습니다. 그런데 그 결과는 앗수르의 침공입니다. 그토록 하나님만 의뢰했는데 결국 앗수르 군대에게 포위되어 망하게 된 것입니다. 게다가 지금 앗수르 왕이 보낸 랍사게로부터 조롱까지 당합니다.

히스기야는 이런 억울한 상황 가운데 자기 옷을 찢고 굵은 베를 두르고 성전

에 올라갑니다. 그리고 하나님께 "우리를 구원하옵소서" 하고 간절히 기도합니다. '우리의 구원을 위해' 히스기야가 어떻게 기도했는지 살펴봅니다.

## 1. 먼저 회개하며 낮은 자세로 여호와의 전에 들어가 기도합니다(1-4절).

1 히스기야 왕이 듣고 그 옷을 찢고 굵은 베를 두르고 여호와의 전에 들어가서 2 왕궁의 책임자인 엘리야김과 서기관 셉나와 제사장 중 장로들에게 굵은 베를 둘려서 아모스의 아들 선지자 이사야에게로 보내매 3 그들이 이사야에게 이르되 히스기야의 말씀이 오늘은 환난과 징벌과 모욕의 날이라 아이를 낳을 때가 되었으나 해산할 힘이 없도다 4 랍사게가 그의 주 앗수르 왕의 보냄을 받고 와서 살아 계신 하나님을 비방하였으니 당신의 하나님 여호와께서 혹시 그의 말을 들으셨을지라 당신의 하나님 여호와께서 그 들으신 말 때문에 꾸짖으실 듯하니 당신은 이 남아 있는 자들을 위하여 기도하소서 하더이다 하니라

히스기야는 앗수르 왕이 보낸 랍사게로부터 조롱을 당합니다. 하지만 히스기야는 결코 누구를 원망하거나 분노하지 않습니다. 억울한 상황 가운데 먼저 회개합니다. 우리가 오늘 너무 억울한 사건을 당해도 그렇습니다. 누구를 원망하기보다 먼저 내 옷을 찢고 굵은 베를 두르고 여호와의 전으로 나아가 회개해야 합니다. 회개하는 기도는 반드시 응답받습니다.

**기도** 억울한 일을 당해도 먼저 내 죄를 회개하며 기도합시다.

억울한 사건을 당해도 누구를 원망하고 탓하기보다 먼저 내 옷을 찢고 굵은 베를 두르고 여호와의 전으로 나아가는 회개의 마음을 허락해 주옵소서.

## 2. 약속의 말씀을 믿고 두려워하지 않습니다(5-7절).

5 이와 같이 히스기야 왕의 신복이 이사야에게 나아가니 6 이사야가 그들에게 이르되 너희는 너희 주에게 이렇게 말하라 여호와의 말씀이 너는 앗수르 왕의 신복에게 들은 바 나를 모욕하는 말 때문에 두려워하지 말라 7 내가 한 영을 그의 속에 두어 그로 소문을 듣고 그의 본국으로 돌아가게 하고 또 그의 본국에서 그에게 칼에 죽게 하리라 하셨느니라 하더라

히스기야가 회개하고 낮은 자세로 나아가자 하나님은 즉시 응답하십니다. 그리고 "하나님을 모욕하는 말 때문에 두려워하지 말라"는 구체적인 처방을 주십니다. 이 말씀은 곧 하나님이 랍사게의 말도 들으셨고, 산헤립의 마음도 다 알고 계심을 의미합니다.

**기도** 사방이 막힌 상황 속에서도 두려워하지 않고 약속의 말씀을 붙들게 해 달라고 기도합시다.

환경은 답이 없어 보이지만 그 환경이 기도가 시작되는 자리가 되게 하여 주옵소서. 말씀으로 구체적으로 응답하시는 하나님의 음성을 듣는 우리가 되게 하여 주옵소서. 약속의 말씀을 기억하며 위협 속에서도 담대히 하나님 앞으로 나아가는 우리가 되게 하여 주옵소서.

## 3. 끝없는 조롱과 위협에도 절망하지 않습니다(8-13절).

8 랍사게가 돌아가다가 앗수르 왕이 이미 라기스에서 떠났다 함을 듣고 립나로 가서 앗수르 왕을 만났으니 왕이 거기서 립나와 싸우는 중이더라 9 앗수르 왕은 구스 왕 디르하가가 당신과 싸우고자 나왔다 함을 듣고 다시 히스기야에게 사자를 보내며 이르되 10 너희는 유

다의 왕 히스기야에게 이같이 말하여 이르기를 네가 믿는 네 하나님이 예루살렘을 앗수르 왕의 손에 넘기지 아니하겠다 하는 말에 속지 말라 11 앗수르의 여러 왕이 여러 나라에 행한 바 진멸한 일을 네가 들었나니 네가 어찌 구원을 얻겠느냐 12 내 조상들이 멸하신 여러 민족 곧 고산과 하란과 레셉과 들라살에 있는 에덴 족속을 그 나라들의 신들이 건졌느냐 13 하맛 왕과 아르밧 왕과 스발와임 성의 왕과 헤나와 아와의 왕들이 다 어디 있느냐 하라 하니라

이번에는 앗수르 왕 산헤립이 직접 사자를 보내서 히스기야를 협박합니다. 심지어 "네 하나님 말에 속지 말라" 하면서 하나님을 사기꾼 취급합니다. 더불어 지금까지 앗수르가 진멸한 여러 민족을 나열하면서 히스기야를 겁박합니다. 내가 옷을 찢고 굵은 베를 입고 회개해도 그렇습니다. 집 안팎에서 내 속을 긁고 뒤집어 놓는 조롱과 위협의 사건이 끊임없이 일어납니다.



앗수르 왕 같은 세상 앞에서 주눅 들고 절망하는 우리를 불쌍히 여겨 주옵소서. 아무리 세상 대적이 커 보이더라도 절망하지 않고 담대히 나아가는 우리가 되게 하옵소서.

## 4. 내 문제를 하나님 앞에 펼쳐 놓습니다(14절).

14 히스기야가 사자의 손에서 편지를 받아보고 여호와의 성전에 올라가서 히스기야가 그 편지를 여호와 앞에 펴 놓고

히스기야는 산헤립이 보낸 사자로부터 전해 받은 두려운 편지를 읽고 그 자리에 풀썩 주저앉지 않습니다. 다시 성전으로, 더욱 말씀의 자리로, 예배의 자리로 올라갑니다. 그러고는 당장이라도 불태워 버리고 싶은 그 편지를 여호와 앞에 딱 펴 놓습니다. 수치스럽고 분하고 두려운 사건을 모두 펼쳐 놓고 하나님께 그 해결을 맡긴 것입니다.



수치스럽고 분하고 두려운 사건이 반복되는 우리를 불쌍히 여겨 주옵소서. 그 어떤 문제도 다 하나님 앞에 펴놓고 기도하오니 여호와 하나님이 응답해 주옵소서.

_______________________________________________

_______________________________________________

_______________________________________________

## 5. 우리의 기도와 고난을 살피시는 살아 계신 하나님께 기도합니다(15-16절).

15 그 앞에서 히스기야가 기도하여 이르되 그룹들 위에 계신 이스라엘의 하나님 여호와여 주는 천하 만국에 홀로 하나님이시라 주께서 천지를 만드셨나이다 16 여호와여 귀를 기울여 들으소서 여호와여 눈을 떠서 보시옵소서 산헤립이 살아 계신 하나님을 비방하러 보낸 말을 들으시옵소서

하나님은 하늘 높은 곳에 계시지만 결코 우리로부터 멀리 떨어져 계신 분이 아닙니다. 우리가 억울하게 당하는 일을 직접 다 보시고 들으십니다. 그리고 책임져 주십니다. 이것이 바로 하나님의 자녀인 우리가 받은 놀라운 특권입니다. 그러므로 아무리 깊고 어두운 구덩이에 빠져도 우리는 나를 구원할 자를 찾아 이리저리 세

상을 방황할 필요가 없습니다. "귀를 기울여 들으소서! 눈을 떠서 보시옵소서!" 하며 살아 계신 하나님께 간절하게 기도하면 됩니다. 그리하면 참된 구원의 역사를 경험하게 될 것입니다.

**기도** 천하만국에 홀로이신 하나님이 귀를 기울여 들으시고 눈을 떠서 보시도록 간절히 기도합시다.

기도하면서도 하나님께서 들으실까, 내 형편 보실까 의심하며 기도했던 우리의 완악함을 회개합니다. 천하만국에 홀로이신 하나님을 의지하여 나아가오니 귀를 기울여 우리의 기도를 들어주시고 눈을 떠서 보아 주옵소서.

## 6. 내 문제를 인정하고 직면합니다(17-18절).

17 여호와여 앗수르 여러 왕이 과연 여러 민족과 그들의 땅을 황폐하게 하고 18 또 그들의 신들을 불에 던졌사오니 이는 그들이 신이 아니요 사람의 손으로 만든 것 곧 나무와 돌 뿐이므로 멸하였나이다

힘든 상황에서 살아 계신 하나님께 "귀를 기울여 들으소서! 눈을 떠서 보시옵소서!" 간구한 히스기야는 이제 자기 앞에 놓인 문제를 인정하고, 자신을 직면하는 기도를 드립니다. 17절에 '과연'이라는 고백은 '참으로, 정말로, 진짜로' 그렇다는 뜻입니다. 앗수르 왕이 지금 조롱하고 위협하지만 "그것이 잘못되었다"라는 게 아니라 "그의 조롱이 다 맞다"는 것입니다. 히스기야는 앗수르가 세상 여러 나라를

황폐하게 하고, 그 신들을 불에 던질 만큼 강한 나라인 것도 인정합니다. 이것은 곧 "당신이 나보다 옳다!"고 인정한 것입니다.



'문제로 인해 힘든 나'보다 '더 나은 나'가 되기를 원하는 신념 때문에 고난의 구덩이에서 빠져나오지 못하는 우리를 불쌍히 여겨 주옵소서. 이제는 과연 "당신이 나보다 옳도다" 인정하고 하나님 앞으로 나아가오니 이 모든 황폐함에서 건져 주옵소서.

---

## 7. 오직 영혼 구원을 목적으로 기도합니다(19절).

19 우리 하나님 여호와여 원하건대 이제 우리를 그의 손에서 구원하옵소서 그리하시면 천하 만국이 주 여호와가 홀로 하나님이신 줄 알리이다 하니라

히스기야는 "우리 하나님 여호와", "홀로이신 하나님"께 우리를 그의 손에서 구원해 달라고 기도합니다. 그렇게 기도하는 이유가 무엇입니까? '천하만국, 심지어 하나님을 비방하고 조롱하고 위협하는 앗수르 왕 산헤립까지도 온 천하에 하나님만이 유일한 신이심을 믿게 되도록'입니다. 그러므로 우리도 내 원수의 구원을 위하여 기도해야 합니다. 진영논리, 지역감정을 초월해서 "우리를 구원하소서!" 기도해야 합니다.

하나님의 뜻이 '천하보다 귀한 한 영혼의 구원'임을 알았습니다. 이제 이편저편 가리지 않고 "우리를 구원하옵소서" 기도하오니 살아 계신 하나님이 100% 응답해 주옵소서. 우리 모두를 살리시고 구원해 주옵소서.

**돌아보기** Nursing  말씀으로 돌아보고 기도하기

우리 하나님 여호와여, 우리를 구원해 주옵소서. 절체절명의 위기 앞에서 히스기야처럼 구속사의 말씀을 붙잡고 기도해야 하는데, 입으로는 그렇게 기도하면서도 반복되는 조롱과 위협이 두렵고 분해서 원망하고 탓을 합니다. 불쌍히 여겨 주옵소서.

하나님의 백성이 마땅히 메야 할 멍에가 아직도 익숙지 못한 우리를 돌이키시려고 환난과 징벌과 모욕의 날을 허락하셨음을 깨닫고, 이제는 원망과 탓을 내려놓게 도와주옵소서. 창자가 들끓는 하나님의 사랑으로 내리신 징벌을 잘 받게 하옵소서.

살아 계신 하나님을 비방하고 인권을 우상시하며 창조 질서를 파괴하는 세상의 조롱과 위협이 점점 더 심해져 법제화 되는 현실 앞에 있습니다. 말씀의 자리로, 예배의 자리로 올라가 주님 앞에 모두 펼쳐 놓습니다. 여호와여, 귀를 기울여 들으소서! 눈을 떠서 보시옵소서! 주 여호와여! 여호와여! 여호와여! 우리를 구원해 주옵소서! 살아 계신 하나님, 우리를 구원해 주옵소서! 대적들을 꾸짖어 주시고, 우리가 먼저 자기 죄를 보고 회개할 수 있도록 은혜를 내려 주옵소서. 이 땅에서 오직 영혼 구원의 사명을 위해 살아가는 우리가 되게 하옵소서. 주여, 우리를 불쌍히 여겨 주옵소서!

　　아버지 하나님, 현실에 절망하지 않고 구속사의 말씀을 붙잡고 기도하게 도와주옵소서. 만군의 하나님 여호와의 말씀이 뼈에 새겨지도록 한 절, 한 절 붙잡고 기도하길 원합니다. 오직 살아 계신 하나님만이 우리 기도의 대상임을 알고, 죽을 것 같은 고통이 앞에 있을지라도 "여호와여! 여호와여! 여호와여! 우리 하나님 여호와여! 이제 우리를 그의 손에서 구원하옵소서!"라고 부르짖는 우리가 되게 하옵소서. 예수님 이름으로 기도드립니다. 아멘.

**살아내기** | Keeping　기도로 살아내기

- 반복되는 조롱과 위협의 사건을 주님 앞에 모두 아뢰고, 말씀을 붙잡고 "우리를 구원하옵소서!" 부르짖는 기도문을 작성해 봅시다.

# 중보기도 사역 소개

## 1. 중보기도 사역

중보기도 사역에는 '중보기도학교'와 '중보기도 파수꾼'이 있습니다.

### 1) 중보기도학교

중보기도학교는 1년에 두 번 열립니다(모집 시기와 횟수는 교회별 상황에 따라).

### 2) 중보기도 파수꾼

- 중보기도 파수꾼은 중보기도학교 수료자에 한해 참여할 수 있습니다.
- 중보기도실에서 한 사람씩 정해진 시간에 기도 카드를 보면서 1시간 동안 중보기도를 합니다.

## 2. 중보기도 사역의 목표

- 하나님의 소원인 영혼 구원을 이루는 중보기도가 되게 합니다.
- 교회 성도들이 '기도의 사람'으로 거듭나도록 합니다.
- 교회 모든 사역에 영적 힘을 보탭니다(소그룹 기도 제목, 전도축제 등).

## 3. 중보기도자의 자격과 의무 (느헤미야 1:6-9).

6 이제 종이 주의 종들인 이스라엘 자손을 위하여 주야로 기도하오며 우리 이스라엘 자손이 주께 범죄한 죄들을 자복하오니 주는 귀를 기울이시며 눈을 여시사 종의 기도를 들으시옵소서 나와 내 아버지의 집이 범죄하여 7 주를 향하여 크게 악을 행하여 주께서 주의 종 모세에게 명령하신 계명과 율례와 규례를 지키지 아니하였나이다 8 옛적에 주께서 주의 종 모세에게 명령하여 이르시되 만일 너희가 범죄하면 내가 너희를 여러 나라 가운데에 흩을 것이요 9 만일 내게로 돌아와 내 계명을 지켜 행하면 너희 쫓긴 자가 하늘 끝에 있을지라도 내가 거기서부터 그들을 모아 내 이름을 두려고 택한 곳에 돌아오게 하리라 하신 말씀을 이제 청하건대 기억하옵소서

### 1) 자격

- 느헤미야처럼 자신의 죄를 자복하며 기도하는 사람
- "그는 나보다 옳도다"(창 38:26)라고 자기 죄를 인정하는 유다 같은 사람

### 2) 의무

- 중보기도 파수꾼 헌신은 하나님께 한 약속입니다. 사람이나 프로그램에 헌신한 것이 아닙니다.
- 모든 기도 제목은 하나님께만 아뢰며 기도 내용에 대해 철저히 함구해야 합니다.
- 깨끗한 삶을 살도록 해야 합니다.

## 4. 중보기도 파수꾼 사역

### 1) 출석

- 약속된 시간을 충실히 지켜 기도가 끊이지 않도록 합니다.
- 중보기도실 출입 시간을 정확히 지키도록 합니다.
- 중보기도실에 도착하면 출석부에 서명을 합니다.
- 부득이한 사정이 있을 경우, 담당 임원에게 미리 연락합니다.

### 2) 기도하기

- 기도하기 전에 마음의 준비를 합니다.
- 기도 카드 분류에 따라 시간을 잘 배분하여 기도합니다.

### 3) 기도 시간 분배(총 60분)

- 나라와 민족을 위한 기도(3분)
- 교회와 목회자를 위한 기도(5분)
- 세계 각지에 파송된 선교사를 위한 기도(2분)
- 영혼 구원 및 새신자를 위한 기도(15분)
- 질병과 사건을 위한 기도(20분)
- 목장이나 구역을 위한 기도(10분)
- 긴급기도 (전도축제나 교회 행사가 있을 때, 5분)

## 4) 기도 카드

- 기도 카드를 한 장씩 넘기면서 차례대로 기도합니다.

- 정해진 기도 시간이 지나면 해당 기도카드 칸에 두고, 다음 기도 제목으로 넘어갑니다.

- 중보기도 카드를 임의로 고치거나 빼지 않습니다.

- 긴급 기도 카드: 붉은색

- 일반 기도 카드: 노란색


## 5) 중보기도 요청 방법

- 기도함을 통해 (교회 사무실 앞이나 본당 입구에 기도함 준비)

- 인터넷을 통해 (교회 홈페이지 '기도나눔')


## 6) 주의 사항

- 사탄은 사력을 다해 중보기도 사역을 방해합니다. 중보기도 사역의 큰 위협과 방해는 기도 제목 유출입니다. 공개 요청하지 않은 기도 제목은 부부간에도, 소그룹에서도 나누지 않습니다.

- 중보기도실 비품을 함부로 옮기지 않습니다.

- 마지막에 중보기도실을 사용한 사람은 냉난방 기구의 플러그를 정리합니다.

- 중보기도실에 음식물 반입을 금합니다.

# MEMO

# MEMO

# MEMO

# MEMO

# MEMO

# MEMO

# THINK 중보기도

**초판 발행일** ㅣ 2016년 4월 11일
**개정증보 2판 1쇄** ㅣ 2026년 1월 30일

**발행인** ㅣ 김양재
**편집인** ㅣ 송민창
**편집자문** ㅣ 성승완 이성훈 정지훈
**편집장** ㅣ 정지현
**편집** ㅣ 김윤현 진민지 장승영
**디자인** ㅣ 디브로(주) 정승원 문성경

**발행처** ㅣ 큐티엠
**주소** ㅣ 경기도 성남시 분당구 대왕판교로385번길 26, 2층 단행본 편집부 (우)13543
**편집 문의** ㅣ 031-606-3854  **구입 문의** ㅣ 031-707-8781
**팩스** ㅣ 031-990-6935
**홈페이지** ㅣ www.qtm.or.kr  **이메일** ㅣ books@qtm.or.kr
**인쇄** ㅣ ㈜신우디앤피
**총판** ㅣ ㈜사랑플러스 02-3489-4300

ISBN ㅣ 979-11-94352-24-2